ERNST CASSIRER

La vie de l'esprit

Essai sur l'unité systématique de la
philosophie des formes symboliques et
de la culture

Pour Agnieszka

"ACCENT"

ERNST CASSIRER

La vie de l'esprit

Essai sur l'unité systématique de
la philosophie des formes symboliques
et de la culture

STEVE G. LOFTS

PEETERS
VRIN

"ACCENT"

ISBN 90-6831-962-0 (Peeters Leuven)
ISBN 2-87723-352-9 (Peeters France)

D. 1997/0602/71

© Uitgeverij Peeters, Bondgenotenlaan 153, B-3000 Leuven, 1997.

TABLE DES MATIERES

AVANT-PROPOS

Nous entamons ici une lecture de la philosophie des formes symboliques d'Ernst Cassirer, qui tente d'en montrer l'unité systématique. Or, bien que la raison d'être de l'histoire soit, pour Cassirer, le devenir de l'être du sens, cette histoire ne suit pas un chemin prédéterminé. Si la culture, en tant que sphère générale de signification, possède une structure universelle, celle-ci doit être complexe et ouverte, c'est-à-dire qu'elle doit réunir plusieurs éléments différents, voire opposés, et de plus, elle ne saurait déterminer par avance le déroulement de cette histoire. Chacune des formes symboliques, en tant que dimension de signification, est un élément de cette structure universelle de la culture. Ce que nous avons tenté de montrer, c'est le mouvement dynamique et vivant du devenir de l'être du sens dans et par le système des formes symboliques. Donc, dans les pages qui suivent, «ce qui compte, comme l'a dit Heidegger, ce n'est pas d'écouter une série de phrases propositionnelles, mais de suivre le mouvement de monstration lui-même»[1].

Nous remercions nos collègues MM. O. Feron, G. Van Eekert et M. le Professeur J. M. Krois pour toutes nos discussions si fructueuses. Nous tenons aussi à remercier très chaleureusement nos collègues M. le Professeur Philipp W. Rosemann et M. le Professeur M. Depuis qui ont bien voulu relire notre texte et nous faire part de nombre de remarques critiques très constructives. Mme J. Bustin, M. G. De Ranter et M. P. Nguyen ont relu et corrigé notre manuscrit; nous les remercions très vivement de leur travail.

S.G.L.
Bruxelles, le 16 juillet 1997

[1] M. HEIDEGGER, «Zeit und Sein», in: IDEM, *Zur Sache des Denkens*. Tübingen, Niemeyer, 1976², p. 72.

Table des abréviations

INTRODUCTION
Le problème de l'unité de
la philosophie cassirerienne
et la question de son interprétation

> Lorsqu'au bout du long chemin que nos réflexions
> ont parcouru, nous regardons en arrière afin de
> comparer et d'unifier les multiples aspects qui se
> sont présentés d'eux-mêmes à nous dans les dif-
> férentes étapes de notre voyage, même *la tentative*
> d'une telle unification rencontre une difficulté
> qui est due à la problématique et à la méthode de
> notre investigation elle-même[1].

Le problème de l'unité Telle est la première phrase des notes
de la philosophie des d'Ernst Cassirer pour le quatrième
formes symboliques volume de *La philosophie des formes
symboliques*, volume qui a été prévu mais n'a jamais été achevé
et qui n'a été publié que récemment à titre posthume. La
citation laisse supposer non seulement la raison pour laquelle
cette dernière partie du *magnum opus* de Cassirer avait été com-
mencée, mais peut-être aussi la raison pour laquelle elle n'a
jamais été terminée: «même *la tentative*» de penser l'unité du
système des formes symboliques rencontre une difficulté
structurelle. L'édifice entier des formes culturelles analysées
par Cassirer (la langue, le mythe, la science, la religion, l'art)
se désintègre-t-il alors en un chaos d'éléments hétérogènes sans
rapport entre eux? Ou, contrairement aux principes fondamentaux de sa propre philosophie, Cassirer a-t-il cédé à la

[1] *ECN*, I, p. 3.

tentation de réduire la multiplicité des formes de rationalité qu'il a découverte à l'intérieur de la culture humaine, à une unité homogène et identique à elle-même? Il faut savoir que le projet initial de la «critique de la culture» n'était pas seulement de démontrer l'irréductible polydimensionnalité de la rationalité humaine, mais aussi, et peut-être plus essentiellement, d'établir l'unité systématique sous-jacente de ces divers modes d'être, sans pour autant les réduire à une seule forme prépondérante du *logos*. L'enjeu est d'importance. Les réponses à ces questions vont être décisives pour notre compréhension de la philosophie des formes symboliques de Cassirer, comme pour notre évaluation de ses mérites et de ses faiblesses, de son succès ou de son échec[2].

Or, lorsqu'on se tourne vers la littérature consacrée à Cassirer, on découvre une lacune considérable précisément en ce qui concerne le problème de l'unité de la philosophie des formes symboliques. En général, ce qu'on trouve est, d'une part, une tendance à isoler les éléments différents de cette philosophie sans expliquer leur rapport aux autres éléments ou leur place à l'intérieur de l'unité systématique de la philosophie de Cassirer et, d'autre part, une tendance à mettre l'accent sur la méthodologie et la genèse historique de sa pensée. Une des raisons pour expliquer cette lacune provient sans doute du fait que la plus grande partie de la littérature sur Cassirer a été écrite par des auteurs dont le premier intérêt n'était pas Cassirer. Donc, bien que ces travaux jettent beaucoup de lumière sur un grand nombre d'aspects de sa pensée, ils ne fournissent pas, ni individuellement ni collectivement, une interprétation adéquate de sa totalité.

---

(2) Comme un commentateur l'a dit: «An adequate understanding of the meaning of any one of Cassirer's doctrines awaits a grasp of the unity of his thought» (J. LINDGREN, «Cassirer's Theory of Concept Formation», in: *The New Scholasticism*, 42 (1968), p. 91).

Nous ne sommes pas seul à être déçu par la littérature sur Cassirer. En effet, au sujet de l'interprétation de l'unité systématique de la philosophie des formes symboliques, F. Capeillères a récemment fait l'observation suivante:

> Le symbole est le point central de la philosophie des formes symboliques, qui seul permet d'en saisir, outre l'essence, l'unité systématique. Cependant, cet élément a, du vivant même de Cassirer, été considéré comme l'un des plus difficiles, voire obscurs. Cela a engendré le vice interprétatif suivant: soit l'on nie la systématicité de la pensée cassirerienne — elle n'est plus alors qu'une brillante histoire —, soit on prend l'une des formes symboliques comme paradigme de la fonction symbolique comme telle et l'on explique à partir de la première la totalité de l'entreprise philosophique[3].

Ces deux approches interprétatives sont erronées parce qu'elles ne sont pas en accord avec les principes fondamentaux de la philosophie qu'elles tentent d'interpréter. Dès sa conception, la philosophie des formes symboliques a eu l'intention de fournir, comme Cassirer l'écrit dans l'Introduction du premier volume de *La Philosophie des formes symboliques*,

> une philosophie systématique de l'esprit où chaque forme particulière tirerait son sens de la *place* qu'elle y occuperait et où sa valeur et sa signification seraient fonction de la richesse et de la spécificité de ses relations avec d'autres énergies spirituelles, et en fin de compte, avec leur totalité[4].

Le domaine culturel forme alors une unité organique dans laquelle chaque forme symbolique a sa propre «place» dans le tout. Le «système» de ces formes symboliques est au fond relationnel, voire poly-relationnel, le sens et la fonction de

---

(3) F. CAPEILLÈRES, «L'édition française de Cassirer», in: *Revue de Métaphysique et de Morale*, 4 (1992), p. 550.
(4) *PFS*, I, p. 23/14.

chaque forme venant de sa différence par rapport aux autres et de sa place dans l'ensemble qu'elles forment. Par ailleurs nous ne nous sommes pas permis de prendre une des formes comme paradigme des autres. Chaque forme a sa valeur unique et doit être comprise selon ses critères spécifiques. Cassirer critique toute approche qui tente de réduire la pluralité des formes de compréhension à un seul mode de signification, qu'il s'agisse de la langue, du mythe, de la religion, de la pensée logique ou de l'art. Une telle approche est vouée à l'échec lorsqu'elle cherche à saisir non seulement l'unité organique du tout, mais aussi la nature particulière de chacune des différentes formes, parce qu'elle nie la différence spécifique de chaque forme en la mesurant selon des principes qui sont étrangers à son propre mode de signification.

> Le seul moyen de sortir de ce dilemme méthodologique serait de déceler et de saisir un élément qui se retrouve dans chacune des formes spirituelles fondamentales, mais qui n'ait dans aucune de ces formes une figure proprement identique. On pourrait alors, eu égard à ce moment, soutenir l'existence du rapport idéal entre les domaines singuliers — le rapport entre la fonction fondamentale du langage et de la connaissance, de la sphère esthétique et de la sphère religieuse — sans que se perde dans ce rapport la spécificité incomparable de chacun d'entre eux[5].

La nécessité d'une interprétation   Le rejet de ces deux approches interprétatives met en évidence la nécessité d'une interprétation globale de la philosophie de Cassirer. Car lorsque nous nous tournons vers *La philosophie des formes symboliques*, nous n'y trouvons pas non plus une réponse explicite à la question de savoir comment se constitue l'unité des formes culturelles. Le problème de leur unité systématique était, comme le suggère F. Capeillères dans la remarque

---

[5] *Ibid.*, pp. 25 sq./16.

que nous venons de citer, et comme le confirme la citation du quatrième volume de *La philosophie des formes symboliques*, aussi problématique pour Cassirer qu'il est pour nous. Il faut donc une interprétation de la philosophie de Cassirer qui révèle son unité implicite.

En fait, une telle tentative d'interprétation s'accorde avec les principes de la philosophie de Cassirer, principes qu'il faut appliquer à l'interprétation de cette philosophie elle-même[6].

> Les faits du passé philosophique, les doctrines et les systèmes des grands penseurs sont dénués de sens sans interprétation. Dès que nous avons atteint un nouveau centre et une nouvelle ligne de vision dans nos propres pensées, nous devons réviser nos jugements [...] ce processus d'interprétation ne s'arrête jamais complètement[7].

Qui plus est, Cassirer, citant Kant, nous rappelle que «ce n'est pas du tout insolite qu'en comparant les pensées qu'un auteur a exprimées en ce qui concerne son sujet (on trouve que nous le comprenons mieux qu'il ne se comprenait lui-même»[8]. On trouve que souvent l'auteur «n'a pas suffisamment déterminé son concept, qu'il a souvent parlé, ou même pensé, en contradiction avec sa propre intention»[9]. Le concept qui gouverne la pensée d'un auteur doit être rendu explicite pour être compris dans son sens véritable, et cette transition d'un état implicite à un état explicite est «le travail de l'avenir»[10]. Ce «travail de l'avenir» constitue

---

(6) À ce sujet voir S. G. LOFTS, «La Lecture de l''histoire'», in: S.G. LOFTS et Ph. W. ROSEMANN (éds), *Éditer, traduire, interpréter: essais de méthodologie philosophique* (Philosophes médiévaux). Louvain-la-Neuve, Éditions de l'Institut supérieur de philosophie; Louvain/Paris, Peeters, pp. 194-211.

(7) *Essay*, pp. 179 sq.

(8) Cité *ibid.*, p. 180.

(9) *Ibid.*

(10) *Ibid.*

la tâche de l'interprétation historique. Le résultat de ce processus d'interprétation est reflété clairement, comme le dit Cassirer, dans les portraits historiques de Socrate.

> Nous avons le Socrate de Xénophon et celui de Platon, nous avons un Socrate stoïque, un sceptique, un mystique, un rationaliste et un romantique. Ils sont entièrement différents. Néanmoins ils ne sont jamais faux: chacun d'eux nous donne un nouvel aspect, une perspective caractéristique de sa physionomie historique, intellectuelle et morale[11].

En interprétant Cassirer, il faut que nous aussi essayions de «le comprendre mieux qu'il ne se comprenait lui-même», de rendre explicite ce qui reste toujours implicite, et de temps en temps cela nous oblige à aller plus loin qu'il ne pouvait le faire lui-même.

Dans les pages qui suivent, nous risquons donc une interprétation de la philosophie de Cassirer qui tente de lire celle-ci comme une forme de structuralisme avant la lettre, et ceci dans le but d'établir l'unité systématique de sa philosophie des formes symboliques. Une telle approche interprétative n'est pas aussi radicale qu'il semble, car comme G. Deleuze nous le rappelait: «Le structuralisme n'est pas séparable d'une philosophie transcendantale nouvelle»[12]. Cependant, parce que toute interprétation doit respecter l'autonomie de la lettre du texte, notre lecture de la philosophie des formes symboliques procédera par une analyse très proche des textes de Cassirer.

L'interprétation traditionnelle   L'interprétation traditionnelle de Cassirer considère celui-ci comme le dernier, et peut-être le plus éminent représentant de l'école néokantienne de

---

(11) *Ibid.*

(12) G. DELEUZE, «À quoi reconnaît-on le structuralisme?», in: F. Chatelet (éd.), *Histoire de la philosophie. Idées, doctrines. Le XXᵉ siècle.* Paris, Hachette Littérature, 1973, p. 306.

Marbourg. L'influence de Kant, Cohen et Natorp sur la philosophie de Cassirer est en effet incontestable. Cassirer lui-même souligne souvent que, du point de vue méthodologique, sa «critique de la culture» reste fidèle à la philosophie transcendantale critique de Kant[13], dans la forme qui fut développée par Cohen[14], et à la «psychologie critique», telle qu'elle fut conçue par Natorp[15] — même si sa philosophie «est arrivée à des résultats différant considérablement» de ses prédécesseurs[16].

L'expression même de «critique de la culture» témoigne du fait que Cassirer a conçu son entreprise philosophique comme une application du projet kantien de philosophie transcendantale à la sphère de la culture. Le fait que Kant ne s'engage pas à faire une «critique de la culture», n'indique d'aucune façon une limite de «la problématique de la philosophie critique de manière immanente et nécessaire. Il s'agit ici uniquement d'une barrière historique et par conséquent contingente, due à l'état de la science au XVIIIe siècle»[17]. L'avance de Cassirer sur Kant et sur le néo-kantisme consiste en un élargissement de ce projet visant à tenir compte des conditions de possibilité d'une science de la culture. Cassirer

[13] Cassirer est clair vis-à-vis de la méthodologie de la philosophie des formes symboliques: «Nous nous tenons dans le cercle que circonscrit la question 'transcendantale': dans le cercle de cette méthode qui prend le '*quid facti*' des formes singulières de la conscience seulement comme point de départ pour une interrogation concernant leur signification, leur '*quid juris*'» (*PFS*, III, p. 63). Néanmoins, Cassirer insiste aussi sur le fait que l'unité du néo-kantisme ne se trouve pas dans une seule doctrine fixée, mais seulement dans son principe méthodologique (cf. *Logik des Symbolbegriffs*, p. 228).

[14] «J'en reste à la position kantienne de la question du transcendantal, telle que Cohen l'a souvent formulée» (*Débat sur le kantisme et la philosophie*, p. 16).

[15] Cf. *ECN*, I, p. 54.

[16] *ID*, p. 132.

[17] *Logique des sciences de la culture*, p. 93/16.

s'écarte ainsi de Cohen et Natorp en adoptant une conception de la connaissance et de l'objectivité plus vaste et plus
différenciée que la leur. Limiter la connaissance à la forme
qu'on trouve dans les sciences naturelles mathématiques, ce
que font Cohen et Natorp, revient, selon Cassirer, à employer
une définition «trop limitée» de l'objectivité[18]. «La raison
est un terme très inadéquat pour comprendre les formes de
vie culturelle de l'homme dans toute leur richesse et variété.
Mais toutes ces formes sont les formes symboliques»[19]. Ainsi,
la «critique de la raison» devient la «critique de la culture».

Lorsque Cassirer s'est tourné vers le problème de la méthodologie des «sciences de l'esprit» (*Geisteswissenschaften*), il
s'est rendu compte que «la théorie générale de la connaissance,
du moins dans sa version traditionnelle et avec les limita-
tions qui lui sont inhérentes», ne peut pas fournir un fondement méthodologique adéquat pour les «sciences de
l'esprit»[20]. Ce qui nous manque, selon Cassirer, est une épistémologie «élargie» qui devrait «différencier les principales
formes de '*compréhension*' du monde et cerner d'aussi près
que possible la tendance singulière et la forme spirituelle
propre de chacune d'entre elles. Aussi longtemps qu'une telle
'morphologie' de l'esprit ('*Formenlehre*' *des Geistes*) ne serait
pas établie, du moins dans ses contours généraux, il serait
vain d'espérer découvrir une vue méthodologique claire et le
principe d'un fondement certain pour chacune des sciences
de l'esprit (*Geisteswissenschaften*)»[21]. Et c'est ici que, selon
Werkmeister, Cassirer «s'écarte radicalement de la position
du néo-kantisme orthodoxe; car Natorp poursuit l'idée que
le prototype de toute connaissance se trouve dans les sciences

---

[18] Voir pour la critique cassirerienne de Cohen, *Davos*, pp. 226 sq.,
et pour celle de Natorp, *ECN*, I, pp. 55 sq.

[19] *Essay*, p. 26.

[20] *PFS*, I, p. 7/*v*.

[21] *Ibid.*

mathématiques. Les sciences culturelles ne rencontrent aucune considération dans les *Logische Grundlagen* de Natorp ou dans ses autres œuvres épistémologiques»[22].

Le problème de l'unité des diverses formes spirituelles semblerait donc être un problème bien spécifique au contenu doctrinal de la philosophie des formes symboliques, et donc ne peut être abordé à travers une lecture de Cohen ou Natorp. C'est pour cette raison que nous ne nous lançons pas dans une réflexion sur les idées de Cohen et Natorp, aussi fructueux qu'un tel parcours puisse être pour notre compréhension de la philosophie de Cassirer[23]. Notre interprétation de Cassirer n'a pas comme but de mettre en cause l'interprétation néo-kantienne, mais plutôt d'enrichir notre conception de Cassirer.

La présence de **Struktur** Mais sur quelles bases peut se
et **Aufbau** justifier une interprétation structuraliste de la philosophie des formes symboliques? D'abord, sur le fait que Cassirer emploie souvent le terme *Struktur* et

---

[22] W. H. WERKMEISTER, «Cassirer's Advance Beyond Neo-Kantianism», in: P. SCHILPP (éd.), *The Philosophy of Ernst Cassirer* (Library of Living Philosophers, 6). LaSalle, Illinois, Open Court Publishing Company, 1959, p. 792. Cette interprétation de 1959 est confirmée par Cassirer lui-même dans ses notes pour le quatrième volume de *La philosophie des formes symboliques*: «La question est orientée – du moins dans la présentation que Natorp nous donne dans son *Allgemeine Psychologie* – complètement vers la 'nature', et elle prend le concept de nature elle-même dans le sens et la caractérisation que lui donne la science naturelle, par la connaissance exacte de la nature. Ceci constitue alors le prototype et le paradigme pour le processus d'objectivation en général [...] cette conception de la question est trop limitée» (*ECN*, I, p. 55).

[23] Nous renvoyons le lecteur qui voudrait en savoir plus sur ce sujet à deux études: T. KNOPPE, *Die theoretische Philosophie Ernst Cassirers. Zu den Grundlagen transzendentaler Wissenschafts- und Kulturtheorie*. Hamburg, Felix Meiner, 1992; et M. FERRARI, *Il giovane Cassirer e la scuola di Marburgo*. Milan, Angeli, 1988.

ses synonymes germaniques *Aufbau* et *Gefüge*, en parlant de
la nature spécifique de différentes formes symboliques.

Ce qui différencie une forme symbolique d'une autre —
le mythe de la langue, la langue de l'art, etc. —, est sa *Strukturform*, sa «forme structurelle»[24], ou plus exactement, «la loi
structurelle uniforme» (*einheitliches Strukturgesetz*)[25], qui
détermine la nature particulière de chacune des formes culturelles en tant que mode spécifique de formation spirituelle.
La philosophie des formes symboliques cherche, à travers
une analyse de la langue, du mythe, de la religion et de la
science, à établir «la *structure* fondamentale de chacune de ces
activités humaines, qui, en même temps, nous permettrait de
les comprendre comme un tout organique»[26]. Donc, l'unité
systématique de chaque forme symbolique, comme celle de
la totalité des formes symboliques, ne peut point être démon-
trée à travers une analyse de son contenu, à partir du «donné»
de la conscience culturelle. Plutôt, «il faut que nous la [l'unité
de chacune des formes particulières et aussi l'unité de la cul-
ture] rendions intelligible à partir de l'unité d'une certaine
'forme structurelle» (*Strukturform*) de l'esprit»[27].

Les termes *Aufbau* et *Gefüge*, comme nous l'avons dit, sont
les synonymes de *Struktur* et ils se rencontrent souvent dans
le même contexte que celui-ci. Dans le quatrième volume
de *La philosophie des formes symboliques*, Cassirer résume son
travail dans les termes suivants:

> Jusqu'ici, nous avons essayé de démontrer comment les formes
> symboliques individuelles — la langue, le mythe, la connaissance
> scientifique — sont les moments (*Momente*) de la *structure* (*Auf-
> bau*) d'une réalité spirituelle. Chacune se présente à nous avec

---

[24] Cf. *PFS*, II, p. 27/15.
[25] *Logique des sciences de la culture*, p. 89/13.
[26] *Essay*, p. 68.
[27] *PFS*, II, p. 27/15.

un principe architectonique et indépendant, une «structure» (*Gefüge*) idéale ou mieux — puisqu'on ne s'occupe jamais d'une description d'un rapport purement statique — une voie caractéristique de la «structuration» (*Fügung*) elle-même[28].

Il y a cependant une différence entre le terme *Struktur* et le terme *Aufbau*, qui se reflète dans leur traduction; car tandis que *Struktur* ne peut être traduit que par le terme français «structure», *Aufbau* peut être traduit soit par «structure» soit par «construction». Cette différence provient du fait qu'*Aufbau* est dérivé du verbe *aufbauen*, «construire», et que par conséquent, il possède une signification plus dynamique que *Struktur*. C'est pourquoi Cassirer parle de l'*Aufbau der anschaulichen Wirklichkeit* à travers les formes symboliques[29]. Et il est intéressant de noter que le mot «structure» vient, en effet, du latin *structura*, qui est lui-même dérivé de *struere*, c'est-à-dire, «construire»[30]. Chaque forme de l'esprit «construit» le monde en tant qu'il donne à ce monde sa «structure» interne — sans laquelle rien ne peut «être». Car «non seulement ce qui est sans structure (*das Strukturlose*) ne pourrait pas être pensé, il ne pourrait pas non plus être perçu ou intuitionné objectivement»[31].

La présence du structuralisme   Certes, la seule présence des termes *Struktur* et *Aufbau* n'établit pas nécessairement une affinité entre la philosophie de Cassirer et le mouvement du structuralisme comme tel. Peut-on voir une telle affinité dans les textes de Cassirer? Il n'est pas sans intérêt que vers la fin de sa carrière, lorsque Cassirer commençait à découvrir les idées des structuralistes — en particulier, de Saussure, Troubetzkoï

---

[28] *ECN*, I, p. 48.
[29] *PSF*, III, p. 142/165.
[30] Voir *Petit Robert, s.v.* «structure».
[31] *Logique des sciences de la culture*, p. 95/18.

et Jakobson —, des références positives au structuralisme commencent à apparaître dans ses œuvres[32]. Toutefois, il est encore plus intéressant de voir ce que Cassirer a écrit sur le structuralisme dans une conférence qu'il a donnée au *Linguistic Circle of New York* quelques jours à peine avant sa mort inopinée. Après avoir discuté les principes méthodologiques fondamentaux de la «morphologie» de Goethe, de Geoffroy de Saint-Hilaire, et en particulier de Cuvier, Cassirer écrit:

> J'ai cité ce passage [de Cuvier] en entier, car je pense que nous pouvons l'utiliser pour en faire une expérience intéressante de l'esprit, nous pouvons échanger chaque terme biologique de Cuvier par un terme linguistique. De cette façon nous devrions avoir devant les yeux le problème du structuralisme linguistique moderne[33].

Cassirer met clairement le projet de la «morphologie» de Goethe en parallèle avec le structuralisme: «la vue méthodologique et les idéaux qu'on trouve des deux côtés sont très semblables»[34]. Ainsi peut-on dire que le structuralisme linguistique doit être compris comme une «morphologie» de la langue. Certes, «la langue n'est ni un mécanisme ni un organisme, ni une chose morte ni une chose vivante. Ce n'est point une chose, si par ce terme, nous comprenons un objet physique»[35]. Adoptant la terminologie de Humboldt[36], il faut plutôt comprendre la langue non comme un ἔργον (*ergon*) mais comme une ἐνέργεια (*energeia*). «En un mot, on peut dire que la langue est 'organique', mais que ce n'est pas un 'organisme'»[37], et en tant qu'«organique», en tant que le tout

---

([32]) Cf., par exemple, *Essay*, pp. 122 sq.

([33]) «Structuralism in Modern Linguistics», p. 107.

([34]) *Ibid.*, p. 109.

([35]) *Ibid.*, p. 110.

([36]) Cassirer prétend que «le programme du structuralisme développé par Bröndal est, en effet, très proche des idées de Humboldt» (*ibid.*, p. 117).

([37]) *Ibid.*

vient logiquement avant les parties, de telle sorte que chaque partie tire sa signification de sa place dans le tout, il peut être approché du point de vue de sa structure.

Or nous nous souviendrons que dans la première page de *La philosophie des formes symboliques*, Cassirer a caractérisé son projet de «'morphologie' de l'esprit» (*'Formenlehre' des Geistes*). Étant donné l'importance de Goethe pour Cassirer, on ne peut pas ici comprendre le terme de «morphologie» autrement que dans le sens qui lui fut donné par Goethe. Et, pour autant que Cassirer lui-même ait déjà établi le lien entre la morphologie et le structuralisme, il semble qu'il a aussi établi le lien entre sa propre philosophie et le structuralisme. Alors que «Humboldt a transposé l'idée de Goethe à un champ d'investigation nouveau», à savoir celui de la langue, Cassirer a transposé l'idée de Goethe au champ du «*Geist*». Alors que Goethe a donné une théorie des types organiques («*Bildung und Umbildung organischer Naturen*»), et que «Humboldt a parlé des types du langage», Cassirer établira les types fondamentaux du *Geist*. Par *Geist*, il faut comprendre ici «toutes ces fonctions qui constituent et construisent le monde de la culture humaine» et «c'est l'une des premières et principales tâches de la philosophie de la culture humaine d'analyser ces diverses fonctions, de démontrer leurs différences et leurs rapports réciproques, leur opposition et leur colla-boration»[38] — c'est-à-dire leur unité!

La structure des choses à venir Néanmoins, il reste à démontrer quelle est la nature exacte du structuralisme cassirerien. Comme il n'entre pas dans nos intentions de nous engager ici dans le débat sur ce que le structuralisme est ou n'est pas, et étant donné que le structuralisme est un terme qui est, il faut le dire, difficile à définir, notre lecture de

[38] *Ibid.*, p. 114.

Cassirer se laissera guider par la définition du structuralisme fournie par G. Deleuze. Ainsi commençons-nous dans le premier chapitre, intitulé *Le symbolique — la structure dynamique de la structure*, par une analyse du concept-clé de la philosophie de Cassirer, à savoir, le symbolique. Ayant établi les caractéristiques essentielles du concept cassirerien du symbolique, nous nous tournerons dans les chapitres deux à six vers une réflexion sur les formes fondamentales de la culture: respectivement, la langue, le mythe, la religion, la science et l'art. Il s'agit ici d'établir la nature spécifique de chacun des types fondamentaux du *Geist*. On reviendra à la question de l'unité du symbolique dans la conclusion à travers une lecture de ce que Cassirer a écrit sur le sujet dans les notes pour le quatrième volume de *La philosophie des formes symboliques*, qui est intitulé *Zur Metaphysik der symbolischen Formen*.

Chapitre Premier
Le symbolique —
la structure dynamique de la structure

> C'est à ceux qui utilisent, pour désigner des tra-
> vaux divers, cette même étiquette de «structura-
> listes» de dire en quoi nous le sommes.[1]

Le concept cassirerien du symbolique est, on le sait bien, la pierre angulaire de sa «critique de la culture». Néanmoins, on arrive à une compréhension de ce concept-clé plus par son usage que par une définition explicite fournie par Cassirer lui-même. Cependant, une chose est claire: le modèle sous-jacent au concept cassirerien du symbolique dérive de sa réflexion sur le concept fonctionnel de la pensée mathématique dans son premier livre, *Substance et fonction*. Par conséquent, nous prendrons comme point de départ une brève analyse de l'argument développé par Cassirer dans ce travail. Dans un deuxième temps, nous présenterons les caractéristiques fondamentales de la fonction symbolique en tant qu'«élément qui se retrouve dans chacune des formes spirituelles fondamentales, mais qui n'a dans aucune de ces formes une figure proprement identique»[2].

[1] M. Foucault, «La Naissance d'un monde», in: *Dits et écrits 1954-1988*, vol. I (Bibliothèque des sciences humaines). Paris, Éditions Gallimard, 1994, p. 788.

[2] *PFS*, I, pp. 25/16.

Du concept au symbolique

Du concept de substance Le projet de la philosophie des **au concept de fonction** formes symboliques a été imaginé pour la première fois, comme Cassirer lui-même nous en informe, au moment de l'achèvement de son livre *Substanzbegriff und Funktionsbegriff*[3]. Dans cette première œuvre de 1910, Cassirer a transformé et interverti les suppositions qui sont au fond de la logique aristotélicienne et de la métaphysique à la base de celle-ci. On sait bien que cette métaphysique défend une théorie substantielle de l'être. D'après Aristote, seul l'être substantiel (οὐσία) *est* dans le sens strict du mot; les rapports, les quantités, les qualités, le temps, l'espace, etc., sont seulement des accidents qui, pour être, ont besoin d'une substance à laquelle ils sont inhérents. La logique qui découle de cette métaphysique est une logique de l'abstraction. La théorie aristotélicienne de la formation des concepts présuppose l'existence de substances autonomes, qu'elle prend comme son *terminus a quo*, et se met à isoler, à l'intérieur de chacune des substances particulières, les propriétés «essentielles» et caractéristiques que cette substance particulière a en commun avec d'autres. Ainsi, l'aristotélisme arrive aux espèces et genres «abstraits» comme à un ensemble de propriétés essentielles partagées par un certain nombre des substances particulières.

Mais il nous faut, d'après Cassirer, intervertir cette logique aristotélicienne. Le processus de compréhension de l'être ne peut pas prendre son point de départ dans une substance particulière; car comment peut-on savoir quelles sont les propriétés et les caractéristiques «essentielles» d'une substance — ces propriétés sans lesquelles elle ne serait point ce qu'elle *est* «essentiellement»?

[3] Cf. *PFS*, I, p. 7/*v*.

Si [...] nous subsumons des cerises et de la viande sous un ensemble d'objets dont les caractéristiques seraient d'être rouges, juteux, mangeables, nous ne parvenons pas avec cette procédure à un concept logiquement valable, mais seulement à une combinaison verbale dépourvue de signification et qui ne permet pas d'appréhender les cas particuliers[4].

La solution cassirerienne implique un décentrement de la conception aristotélicienne. Plutôt que de prendre l'être comme le *terminus a quo* du jugement, il faut le regarder comme son *terminus ad quem*: le jugement est donc du même ordre que le processus de différenciation dans une fonction différentielle. Il nous faut, en d'autres mots, établir la loi générale par laquelle l'être est engendré, plutôt que d'essayer d'isoler et d'abstraire les éléments de l'intérieur de cet être et de les mettre ensemble dans une collection arbitraire d'attributs. L'être se différencie lui-même en une série d'étants qui sont bien particuliers et déterminés, et dont chacun représente une expression concrète de la loi interne déterminant la série comme un tout: «l'ensemble et la gamme des 'formes sérielles' pures nous sont immédiatement fournis par le système des sciences et tout particulièrement par celui qu'édifie la science exacte»[5]. Tout ce que l'élément particulier *est*, n'est rien de plus que sa *place* dans la série dont il est membre, une place qui est déterminée pour lui par la loi de cette série. Dès lors, on voit bien que ce qui est «essentiel» à un être, ce sont les *rapports* dans lesquels il se trouve, et non une «substance» sousjacente, comme la tradition aristotélicienne l'a prétendu.

Comprendre la représentation comme l'expression d'une règle totalisante liant le particulier, donné *hic et nunc*, à l'ensemble et les conjuguant dans une synthèse intellectuelle, c'est refuser d'y voir une détermination après coup et en faire, au contraire,

[4] *SF*, p. 17/8.
[5] *Ibid.*, p. 39/29.

une condition constitutive de tout contenu d'expérience. Sans cette représentation, même apparente, il n'y aurait plus de contenu «présent», immédiatement offert, car celui-ci n'existe pour la connaissance que dans la mesure où il est lié à un système de relations sans lequel il serait dépourvu de toute détermination, spatiale, temporelle et conceptuelle[6].

Les déficiences de la théorie de l'abstraction ne peuvent pas être surmontées par l'approche psychologique non plus. Plutôt que de situer, comme Aristote, le concept *dans* le réel et d'en faire, en tant que forme substantielle, une force dynamique de la réalité elle-même, Berkeley et Mill envisagent le concept comme un projet de l'esprit[7]. Alors qu'Aristote avait compris l'universel comme un élément véritable de la réalité, l'approche psychologique considère l'universel comme abstrait, ayant une existence indépendante de toute réalisation véritable. Ni Aristote, ni Berkeley, ni Mill ne peuvent donc suffisamment rendre compte du processus d'abstraction ou d'universalisation.

Pour éviter les problèmes de la théorie traditionnelle de l'abstraction, il faut une conception de l'universel qui, en fusionnant le substantialisme d'Aristote avec le psychologisme de Berkeley et Mill, les transforme tous les deux. Dans ce contexte, Cassirer avance une conception de l'universel qui possède à la fois le réalisme de l'universel aristotélicien (sans, comme Aristote, regarder l'universel comme tellement immanent à l'être qu'il est pris pour un particulier de la série même qu'il engendre) et l'idéalité des schémas psychologiques et subjectifs proposés par Berkeley et Mill (sans, comme eux, séparer l'universel de la réalité concrète du monde — c'est-à-dire sans prendre l'universel comme tellement transcendant à l'être du particulier qu'il ne peut plus expliquer sa raison d'être).

[6] *Ibid.*, pp. 322/377.
[7] Cf. *ibid.*, pp. 9 sqq./11 sqq.

Comme paradigme pour cette conception d'un «universel concret»[8], Cassirer prend le concept mathématique de la fonction y = $\varphi(x)$[9]. Dans le troisième volume de *La philosophie des formes symboliques*, Cassirer résume la structure essentielle du concept de fonction ainsi:

> Si on définit le concept, non par énumération de ce qui y rentre, mais de façon purement intentionnelle, par l'indication d'une certaine fonction propositionnelle, cette fonction propositionnelle $\varphi(x)$ renferme deux moments manifestement hétérogènes. La forme générale de la fonction, telle qu'elle est désignée par la lettre φ, se détache nettement des valeurs des variables x susceptibles d'entrer dans cette fonction comme valeurs «vraies». La fonction définit la connexion de ces valeurs, mais n'est pas elle-même l'une d'entre elles: le φ de x n'est pas homogène à la série des x_1, x_2, x_3, etc.[10]

Le φ de la fonction propositionnelle $\varphi(x)$ représente la «*loi*» qui détermine la totalité des «membres *possibles*» (x) qui font partie d'une série d'éléments (x_1, x_2, x_3,...). L'unité entre l'universel (φ) et le particulier (x) ne doit pas être envisagée comme un «agrégat» d'éléments indépendants ($\varphi + x$), mais plutôt comme une «unité organique» $\varphi(x)$, par laquelle l'universel φ est immanent à chaque particulier x; d'où l'expression, «l'un dans la multiplicité» (*Eines in Vielen*)[11]. Bien que l'universel φ transcende la série, cette transcendance doit être comprise comme une transcendance dans la signification et non dans l'être. La loi du tout est toujours immanente en chaque membre de la série qu'elle constitue, comme «la règle de progression» qui assigne à chaque membre sa «place» et ordonne tous les membres intérieurement en un tout

---

[8] Cassirer emprunte l'expression «universel concret» à Hegel.
[9] Cf. *ibid.*, pp. 20 sq./26 sq.
[10] *PFS*, III, p. 335/352.
[11] *Ibid.*, p. 336/392.

organique. Cependant, la loi de la série n'est jamais exprimée en aucun de ses membres, ni par la somme de tous ses membres, car elle représente le tout de la série en tant que loi déterminant la limite interne de chaque membre possible de cette série — même de ceux qui n'existent pas.

> L'instance qui confère leur cohésion aux éléments de la série a, b, c, (n'est pas elle-même un nouvel élément qui leur est intimement conjoint, c'est la règle qui détermine de façon invariable la progression de la série, règle qui n'est pas elle-même impliquée par les éléments qui la révèlent. Il est clair que la fonction F (a, b), F (b, c)… qui établit le mode de dépendance intervenant dans la succession des éléments ne fait pas elle-même partie de la série dont elle assure la génération et le développement[12].

Donc la caractéristique essentielle de toutes les structures conceptuelles véritables est qu'en même temps, elles unifient et différencient une multiplicité, une unité différenciée, et ceci en fournissant un «point de référence idéal». Tous les particuliers «se règlent sur ce centre de référence, cette unité de direction leur imprime une nouvelle unité d'‹essence›, dans laquelle justement on doit prendre cette essence non pas au sens ontologique, mais bien au sens logique, comme une pure détermination de signification»[13]. Qui plus est, en ce qui concerne le facteur universel de signification établi et mis en relief par le concept, «tout ce qui entre dans cet élément n'est pas seulement semblable, mais identique: pour être pensés comme des ‹cas› particuliers du concept, les exemplaires individuels doivent, chacun pour son propre compte, remplir le concept *tout entier*, c'est-à-dire l'ensemble des conditions qu'il inclut»[14]. Finalement, «la convergence grâce à laquelle on surmonte l'hétérogénéité sensible ou intuitive,

---

[12] *SF*, p. 28.
[13] *PFS*, III, p. 338/354.
[14] *Ibid.*, p. 337/353 sq.

ce n'est pas qu'on découvre une identité de substance ou une concordance quelconque entre les éléments de la multiplicité, c'est que ces éléments, sans cesser de différer entre eux, sont pris comme des moments d'un enchaînement des significations, chacun constituant, pour sa part et à la place qui lui revient, la totalité de ce sens et sa fonction»[15].

Du concept de fonction   Le traitement de la formation du
au concept de symbolique   concept dans *Substance et fonction* était limité à la modalité conceptuelle qui se manifeste dans les sciences naturelles, et en particulier dans les sciences exactes. Mais au cours de son travail sur les concepts des sciences naturelles, Cassirer s'apercevait peu à peu que les concepts scientifiques ne constituaient qu'«*une* couche de signification» et qu'il était donc nécessaire de «concevoir le problème de la connaissance et le problème de la vérité comme des cas particuliers du *problème plus général de la signification*»[16]. Avec cette prise de conscience, le projet de la philosophie des formes symboliques était né:

> C'est la tâche d'une philosophie systématique, qui va au-delà d'une théorie de connaissance, de libérer l'idée du monde de cette partialité (*Einseitigkeit*). Elle doit saisir le *tout* (*Ganze*) des formes symboliques, dont l'application produit pour nous le concept d'une réalité ordonnée par le fait de laquelle le sujet et l'objet, le moi et le monde sont séparés et opposés l'un à l'autre dans une forme définie dans laquelle chaque particulier de cette totalité a sa place (*Stelle*) déterminée[17].

Les différentes formes   On verra que la fonction proposi-
symboliques   tionnelle $\varphi(x)$ représente la plus haute expression conceptuelle de la fonction symbolique et ainsi la forme universelle de chaque forme culturelle. Pour autant

[15] *Ibid.*, p. 338/354 sq.
[16] *Erkenntnistheorie*, pp. 81 sq.
[17] *ZER*, pp. 109 sq.

que chaque forme symbolique constitue un mode particulier de la structuration du monde, la fonction propositionnelle est, pour ainsi dire, l'expression mathématique de la structure de structure. Il est malheureux que Cassirer continue de parler de la fonction universelle du symbolique toujours dans les termes d'un des membres de la série qu'elle engendre, à savoir le concept mathématique de la science exacte. Car le lecteur a souvent raison de se demander dans quel sens la signification mythique, religieuse ou esthétique peut être dite conceptuelle ou théorique. En effet, ne peut-on objecter ici qu'en prenant le concept mathématique de la fonction comme paradigme de la fonction symbolique comme telle, Cassirer s'est éloigné de son propre principe méthodologique et qu'il a réduit toutes les formes de compréhension à l'une de ces formes: à savoir celle de la logique? Cassirer lui-même reconnaît la danger résumé dans cette objection:

> Sans doute peut-on objecter à une telle façon d'envisager le problème que c'est là prendre une partie pour le tout. Une véritable analyse logique et phénoménologique du concept [c'est-à-dire de la fonction symbolique] doit essayer de l'embrasser dans la *totalité* de sa signification, dans l'*ensemble* (*Gesamtheit*) de ses réalisations particulières et des phases de sa réalisation, alors que les mathématiques et les sciences exactes [la fonction propositionnelle $\varphi(x)$], qui le font sans doute connaître tout au plus dans son parfait achèvement, par là même n'en livrent que le stade final[18].

À notre surprise, il n'y a aucune tentative de la part de Cassirer pour se justifier vis-à-vis de cette objection! Il affirme seulement que son analyse du «concept du monde naturel» a apporté «une nouvelle confirmation au résultat de l'analyse antérieure du concept 'exact'»[19].

---

[18] *PFS*, III, p. 331/346.
[19] *Ibid.*, p. 332/348.

Bien entendu, son point de vue philosophique sur le «processus de la conscience» implique que «ce processus lui-même se décomposerait pour nous en singularités isolées, sans relations entre elles, et nous interdirait de le rassembler en un seul résultat, si la possibilité générale n'était donnée [...] d'appréhender le tout déjà dans l'élément, et l'élément dans le tout»[20]. Qu'un de ces éléments doive avoir pour fonction de représenter le tout qui anime tous les éléments, y compris lui-même, semblerait découler logiquement de la structure même de ce processus de la conscience par lequel l'esprit avance vers sa propre «objectivation», c'est-à-dire «sa révélation à lui-même»[21]. De la même façon que pour Heidegger, l'être est accessible seulement à travers les étants, et plus spécifiquement par cet étant qui s'occupe de son propre être, à savoir le *Dasein*, la fonction symbolique est accessible seulement à travers les différentes formes symboliques, et plus spécifiquement par cette forme qui est la plus consciente de sa structure symbolique, à savoir la science. On reviendra au problème de la réflexivité de la fonction symbolique comme condition de possibilité de son auto-représentation au chapitre cinq, consacré à la science, et dans la conclusion.

La fonction symbolique comme forme de structure dynamique

Bien que la fonction propositionnelle soit utilisée par Cassirer lui-même comme paradigme de la fonction symbolique, il faut encore apporter quelques précisions quant à la nature exacte du concept cassirerien de fonction symbolique. Examinons-la donc en employant les principes fondamentaux

(20) *Ibid.*, p. 43/34.
(21) *PFS*, I, p. 19/9.

du structuralisme, qui nous servira de cadre général d'interprétation dans lequel notre lecture de la philosophie des
formes symboliques aura lieu. Notre analyse se laissera guider par les sept caractéristiques du structuralisme fournies
par G. Deleuze dans son article «À quoi reconnaît-on le
structuralisme?».

1° *Le symbolique*

> Or le premier critère du structuralisme, c'est la découverte et la
> reconnaissance d'un troisième ordre, d'un troisième règne: celui
> du symbolique[22].

On note ici avec intérêt une remarque faite par A. Lemaire
dans son étude sur Jacques Lacan: «d'après Cassirer, la fonction symbolique est la médiation qui confère un sens au sen-
suel. L'ordre symbolique est un troisième ordre, c'est-à-dire
un ordre organisé entre le sujet et le réel»[23]. Ou, pour
reprendre les mots de Cassirer: «on trouve dans l'homme un
troisième lien qu'on peut décrire comme le système symbolique»[24], un monde intermédiaire (*Zwischenreich*) entre l'esprit
et la réalité.

À chaque tournant de l'analyse philosophique de Cassirer,
on trouve que tout se ramène à un rapport fondamental, et
surtout paradoxal, de réciprocité entre deux éléments distincts
et apparemment indépendants: un rapport entre, par exemple,
la présence sensible concrète d'un contenu de conscience et
son sens non-intuitif, entre le monde et le je, le réel et l'idéal,
la nature et l'esprit, etc. Dans sa lecture de l'histoire de la
philosophie, Cassirer démontre comment cette unité entre
les éléments réciproques a été rompue continuellement et

---

(22) G. DELEUZE, «À quoi reconnaît-on le structuralisme?», p. 301.

(23) A. LEMAIRE, *Jacques Lacan* (Psychologie et sciences humaines).
Bruxelles, Pierre Mardagea, 1977, p. 67.

(24) *Essay*, p. 24.

comment un des deux éléments a été pris systématiquement comme mesure de l'autre. Chaque fois, soit l'élément immanent de ce rapport, soit l'élément transcendant fut privilégié comme point de départ sur lequel a été construit un système philosophique: le deuxième élément recevait, au mieux, une fonction inférieure et secondaire, ou, au pire, fut congédié complètement comme un obstacle qui doit être surmonté, voire supprimé. Cependant, «le concept authentique et véritable du 'symbolique' ne se plie pas aux divisions et aux dualismes traditionnels de la métaphysique, [...] il en brise le cadre. Le symbolique n'appartient jamais à l''en deçà' ou à l''au-delà', au domaine de l''immanence' ou à celui de la 'transcendance': sa valeur consiste justement à surmonter ces oppositions qui naissent d'une théorie métaphysique des deux mondes. Il n'est pas l'un *ou* l'autre: il représente l''un *dans* l'autre' et l''autre *dans* l'un'»[25]. Le symbolique est le lien qui constitue le rapport entre la présence sensible concrète d'un contenu de conscience et son sens non-intuitif, ou plus généralement, le rapport entre le signifiant et le signifié, sans être lui-même réductible à l'un ou à l'autre. Dans l'algorithme $\frac{S}{s}$, le symbolique est la barre qui, en même temps, différencie et unifie le signifiant et le signifié, mais qui n'est réductible à aucun des deux. Il est la loi universelle φ qui fonctionne comme règle de progression, organisant les éléments particuliers (x_1, x_2, x_3, ...) en un «système symbolique».

2° *Être est position*

Les éléments d'une structure n'ont ni désignation extrinsèque ni signification intrinsèque. Que reste-t-il? Comme Lévi-Strauss le rappelle avec rigueur, ils n'ont rien d'autre qu'un sens: un sens qui est nécessairement et uniquement de «position»[26].

---

[25] *PFS*, III, p. 422/447.
[26] G. DELEUZE, «À quoi reconnaît-on le structuralisme?», p. 304.

Les symboles d'un système symbolique ne sont essentiellement rien d'autre que la présence d'une signification, et cette signification «consiste, non dans ce qu'ils 'sont' en soi, pas plus que dans quelque chose qu'ils 'copieraient', mais dans une direction spécifique de modelage idéal — non dans la visée d'un objet extérieur, mais dans un mode défini d'*objectivation*»[27]. Le symbole n'a donc «ni désignation extrinsèque ni signification intrinsèque». Sa signification, comme nous l'avons vu plus haut, est plutôt sa position dans la série à laquelle il appartient[28]. La force fondamentale du symbolique réside dans «un même caractère fondamental de la conscience, à savoir que le tout n'est pas acquis à partir des parties, et que toute position d'une partie implique la position du tout; non certes dans son contenu, mais dans sa structure (*Struktur*) et sa forme générale. Chaque singularité, dans ces domaines, fait originairement partie d'un *complexe* déterminé dont elle exprime la règle»[29].

L'idée que la signification d'un élément particulier de la structure est sa position et sa fonction dans le tout, s'applique surtout aux diverses formes symboliques en tant qu'expressions de la fonction symbolique. On a déjà vu que «chaque forme particulière tire son sens de la *place* (*Stelle*) qu'elle y occupe et où sa valeur et sa signification sont une fonction de la richesse et de la spécificité de ses relations avec d'autres énergies spirituelles, et en fin de compte, avec leur totalité»[30].

3° *Le modèle du calcul différentiel*

En quoi consistent enfin ces éléments symboliques ou unités de position? […] les éléments correspondants sont pris dans un

---

(27) *PFS*, III, p. 423/447.
(28) Voir p. 17.
(29) *PFS*, I, p. 45/37.
(30) *Ibid.*, p. 23/14.

rapport différentiel. *Dy* est tout à fait indéterminé par rapport à *y*, *dx* est tout à fait indéterminé par rapport à *x*: chacun n'a ni existence, ni valeur, ni signification. Et pourtant le rapport $\frac{dy}{dx}$ est tout à fait déterminé, les deux éléments se déterminent réciproquement dans le rapport. C'est ce processus d'une détermination réciproque au sein du rapport qui permet de définir la nature symbolique[31].

En fait, cette «détermination réciproque» est double. D'un côté, il y a une «détermination réciproque» entre la présence sensible concrète d'un contenu de conscience et son sens non intuitif.

> Car nul contenu (*Inhalt*) de conscience n'est en soi ni purement «présent» ni purement «représentation»; au contraire, tout vécu actuel renferme les deux moments (*Momente*) dans une unité indissoluble. Tout présent (*Gegenwärtige*) *fonctionne* au sens d'une re-présentation (*Vergegenwärtigung*), de même que toute re-présentation (*Vergegenwärtigung*) exige son rattachement à quelque chose de présent (*Gegenwärtiges*) à la conscience[32].

Ce rapport entre les deux est pleinement dynamique: «une authentique réciprocité (*Wechselbeziehung*) manifeste alors sa présence: la mise en forme de l'intuition est le véhicule véritable dont la représentation a absolument besoin, et c'est d'autre part l'usage de l'intuition comme moyen de représentation qui, faisant ressortir en elles des 'aspects' et des moments toujours nouveaux, la structure en un tout toujours plus riche et plus différencié (*differenzierter*)»[33]. On se trouve ici au centre théorique de la philosophie des formes symboliques. Ce rapport réciproque entre le signifiant et le signifié se manifeste dans chaque forme symbolique, mais dans chacune selon

---

[31] G. DELEUZE, «À quoi reconnaît-on le structuralisme?», pp. 308 sq.
[32] *PFS*, III, p. 226/232.
[33] *Ibid.*, p. 163/164.

son propre mode de formation spirituelle. Il s'agit de ce que
Cassirer appelle «prégnance symbolique»:

> Nous essaierons d'exprimer cette détermination réciproque
> (*Wechselbestimmung*) en introduisant le concept et le terme
> de *prégnance symbolique* (*symbolische Prägnanz*): on doit
> entendre par là la façon dont un vécu de perception, en tant
> que vécu sensible, renferme en même temps un certain «sens»
> non intuitif qu'il amène à une représentation immédiate et
> concrète[34].

Ce qui est représenté par la présence sensible ne doit jamais
être compris comme quelque chose qui existe indépendamment de ce processus de représentation. Le signifiant représente un signifié, mais ce signifié lui-même ne représente
rien d'autre que sa position dans la série des signifiants. D'où
la deuxième «détermination réciproque». Car la signification ne se manifeste que dans le mouvement d'une position
vers une autre. Par exemple, toute référence à un «ici» a un
sens uniquement par rapport à un «là» et à un «là-bas», et
de même toute référence à un «moi» renferme une référence
à un «toi», le «présent» est juxtaposé au «non-présent», et
celui-ci est différencié intérieurement entre «passé» et «avenir», etc.: «il ne peut donc pas y avoir 'quelque chose' dans
la conscience sans que soient *eo ipso* posées, sans autre médiation, une 'autre chose' et une série d'autres choses»[35]. Le sens
d'un contenu de conscience est toujours déterminé par rapport à sa différence à un autre, et sa différence est déterminée par la fonction symbolique, par la loi de la série qui la
différencie. Pour caractériser cette «détermination réciproque»
entre des éléments de la conscience et le tout de la conscience,
Cassirer invoque aussi, comme nous l'avons déjà vu, la métaphore du calcul différentiel.

---

(34) *Ibid.*, p. 229/235.
(35) *PFS*, I, p. 41/33.

L'élément de la conscience ne se comporte pas à l'égard du tout de la conscience comme une partie extensive à l'égard de la somme des parties, mais comme une différentielle à l'égard d'une intégrale. De même que l'équation différentielle [...] exprime le déroulement et la loi générale de celui-ci, de même devons-nous penser les lois structurelles générales de la conscience comme étant données dans chacun de ses éléments, dans chaque coupe de la conscience. [...] Ce n'est pas à partir de la somme de ses éléments sensibles (a, b, c, d, ...), mais en quelque sorte à partir de la totalité de ses différentielles de relation et de forme que se construit l'«intégrale» de la conscience. La pleine actualité de la conscience n'amène à son déploiement que ce qui est déjà contenu virtuellement dans chaque moment particulier et comme une possibilité générale[36].

4° *Différenciation*

Les structures sont nécessairement inconscientes, en vertu des éléments, rapports et points qui les composent. Toute structure est une infrastructure, une micro-structure. D'une certaine manière, elles ne sont pas actuelles. Ce qui est actuel, c'est ce dans quoi la structure s'incarne ou plutôt ce qu'elle constitue en s'incarnant. Mais en elle-même, elle n'est ni actuelle ni fictive; ni réelle ni possible. [...] De la structure on dira: *réelle sans être actuelle, idéale sans être abstraite*[37].

Les diverses formes symboliques sont les directions et les modalités de mise en forme du monde. «Le langage, le mythe, l'art: chacun fait sortir de soi un monde de formes particulières qui doivent être comprises comme l'expression de l'activité autonome de l'esprit, de sa 'spontanéité'. Mais cette activité ne s'exerce pas sous la forme de la libre réflexion, et

---

(36) *Ibid.*, p. 48/41.
(37) G. DELEUZE, «À quoi reconnaît-on le structuralisme?», pp. 312 sq.

reste cachée à elle-même»[38]. En un mot, le travail des diverses formes symboliques est originellement «sous une forme entièrement inconsciente (*durchaus unbewußt*)»[39]. Parce que l'universel qui règle une série ne peut pas être un membre de cette série, la fonction symbolique comme telle n'est jamais actuelle. Ce qui est actuel pour la conscience est une manifestation concrète d'une forme, et non la forme elle-même. Par exemple, «en ce sens, même les figures divines du mythe ne sont rien d'autre que les révélations successives de la conscience mythique à elle-même»[40]. De plus, non seulement le contenu de la conscience est une expression d'une forme symbolique, mais chaque forme symbolique est aussi une expression de la fonction symbolique comme telle. «Une seule et même *fonction fondamentale* (*Grundfunktion*), la fonction symbolique proprement dite, s'épanouit selon ses diverses directions essentielles et y crée des structures (*Gebilde*) sans cesse nouvelles»[41]. Ainsi Cassirer aurait pu également soutenir que «toute structure est une infrastructure», que toute structure s'est toujours déjà incarnée dans une série d'infrastructures, sans lesquelles elle n'existerait pas, et en dernier lieu que la fonction symbolique est «*réelle sans être actuelle, idéale sans être abstraite*».

La présence d'une signification est toujours un processus dynamique dans lequel cette signification se produit, c'est un «devenir *vers* la forme», ou une γένεσις εἰς οὐσίαν, comme le dit Platon[42]. Le mouvement est toujours de ce «qui est déjà contenu virtuellement dans chaque moment particulier et comme une possibilité générale»[43], vers son actualisation comme contenu de la conscience.

---

[38] *PFS*, II, p. 254/259.
[39] *Ibid.*, p. 254/259.
[40] *PFS*, II, p. 255/259.
[41] *Logique des sciences de la culture*, p. 104/26.
[42] *ECN*, I, p. 15: «Werden *zur* Form».
[43] *PFS*, I, p. 48/41.

5° Sérialité

[…] les éléments symboliques que nous avons précédemment définis, pris dans leurs rapports différentiels, s'organisent nécessairement en série. Mais comme tels, ils se rapportent à une autre série, constituée par d'autres éléments symboliques et d'autres rapports […] toute structure est sérielle, multi-sérielle, et ne fonctionnerait pas sans cette condition[44].

Dans le langage de Cassirer, aucune forme symbolique ne peut exister indépendamment des autres, et en effet, chacune constitue un élément, ou un moment, nécessaire dans la présence, ou le devenir, de la signification. «Car, si l'ensemble de ces formes constitue une unité systématique, cela implique que le destin de chacune d'entre elles est étroitement lié à celui de toutes les autres. Toute négation qui touche une de ces formes doit s'étendre […] à toutes les autres»[45]. On verra, par exemple, que «le mythe et le langage [aussi bien que le mythe et la religion, le langage et la science, l'art et la religion, etc.] sont en contact perpétuel et réciproque, leurs contenus (*ihre Inhalte*) se portent et se conditionnent l'un l'autre»[46].

6° La case vide

Il apparaît que la structure enveloppe un objet ou élément tout à fait paradoxal […] En effet, c'est par rapport à lui que la variété des termes et la variation des rapports différentiels sont chaque fois déterminées […] cet objet singulier est le point de convergence des séries divergentes en tant que telles. […] Comment l'appeler, sinon Objet = x, Objet de devinette ou grand Mobile?[47]

[44] G. Deleuze, «À quoi reconnaît-on le structuralisme?», pp. 318 sq.
[45] *PFS*, II, p. 8/*vii*.
[46] *Ibid.*, p. 62/53.
[47] G. Deleuze, «À quoi reconnaît-on le structuralisme?», pp. 321 sq.

Chacune des formes symboliques possède un élément qui agit en fonction de cet «Objet = x».

> Ce qui unit les termes individuels de la série n'est donc pas leur ressemblance [...] mais bien la *fonction* commune de monstration qu'ils accomplissent: le fait qu'en dépit de toute leur hétérogénéité sensible ils se rapportent néanmoins à un *centre de référence* commun (à savoir le X de l'«objet» identique)[48].

Tous les particuliers «se règlent sur ce centre de référence, cette unité de direction lui imprime une nouvelle unité d''essence', dans laquelle justement on doit prendre cette essence, non pas au sens ontologique, mais bien au sens logique, comme une pure détermination de signification»[49]. Bien que la fonction symbolique elle-même ne puisse jamais être un membre de la série, il faut néanmoins qu'un des membres de la série représente sa présence. Car, si chaque membre fait dériver sa signification de son rapport et de sa différence avec tous les autres membres de la série, il est évident que si nous ne voulons pas tomber dans une régression à l'infini, il faut un «premier» membre dont dépend l'existence de tous les membres de la série — y compris celle du premier membre lui-même. La capacité de saisir cette immanence-transcendance, cette présence de l'universel parmi les éléments particuliers, du zéro, du mana, de l'«objet = *x*», etc. est fondamentale au fonctionnement de chacun des modes de la conscience symbolique.

Deleuze cite plusieurs exemples de l'«objet = *x*»: considérons ici l'exemple de la fonction du zéro de Frege. Encore que Frege n'ait pas joué un rôle important dans la philosophie de Cassirer, on y trouve néanmoins une réflexion sur la fonction du zéro qui rappelle des idées frigrénnes. Le processus de comptage n'est pas possible sans la capacité de fusionner au moins deux séries de nombres, et la condition

---

(48) *PFS*, III, p. 161/162.
(49) *Ibid.*, p. 338/354.

de possibilité de cette fusion est le nombre zéro. Si, par exemple, on veut calculer 7 + 3, il faut compter jusqu'à sept, et ensuite compter trois positions plus loin dans le même système de nombres. Cependant, ceci n'est possible que si l'on peut établir un deuxième système parallèle qui est lié au premier par le zéro et dans lequel on avance de trois positions. Expliquons-nous: au nombre sept, il faut commencer de nouveau: un (qui est huit), deux (qui est neuf), trois (qui est dix). L'avance exige la juxtaposition (voire la superposition) des deux systèmes. Pour la soustraction, on exécute une opération analogue, mais dans l'autre sens. Cassirer représente ce processus graphiquement par le diagramme suivant:

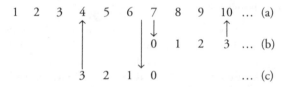

Le zéro est une position à partir de laquelle toutes les autres positions sont déterminées, mais qui n'est pas lui-même une position spécifique. Celui qui ne peut pas «comprendre» la fonction du zéro, qui ne le voit pas, est aveugle au monde que le zéro ouvre par sa présence.

7° *Du sujet à la praxis et la 'futuralité' du symbolique*

Le *sujet* est précisément l'instance qui suit la place vide: comme dit Lacan, il est moins sujet qu'assujetti — assujetti à la case vide [...].[50]

Le symbolique est non seulement inséparable de ses effets[51], mais est aussi inséparable d'une certaine activité de l'esprit.

[50] G. Deleuze, «À quoi reconnaît-on le structuralisme?», p. 331.
[51] Et en effet, «on ne peut *lire*, trouver, retrouver les structures qu'à partir de ces effets» (*ibid.*, p. 316).

Lorsque Cassirer parle des différentes «énergies de l'esprit», il parle surtout des différentes activités de l'esprit. La langue, le mythe, la religion, la science, l'art, ce sont avant tout des activités: on parle la langue, on vit le mythe, on pratique la religion, on construit la science, on crée l'art. Mais aussi, dans la mesure où il s'agit dans chaque cas de la présence d'une «image» — une présence sensible chargée d'un sens — cette «image» n'est jamais quelque chose de simplement «là», mais elle est toujours le résultat de «l'imagination productrice»[52].

Or, cette activité de l'esprit vise toujours une réalisation dans l'avenir, une réalisation qui est anticipée mais qui ne peut jamais être actualisée.

> [...] car c'est ici le symbole qui court pour ainsi dire au devant de la réalité, qui lui montre et lui fraie la voie. Il ne ramène pas simplement son regard sur ce qu'elle est et a été, mais se change bel et bien en un moment et en un thème du devenir réel lui-même. C'est sous cette forme de la vision (*Schauen*) symbolique seule que se produit la vraie différence spécifique séparant la volonté spirituelle et historique de la simple «volonté de vie», des instincts purement vitaux[53].

Dans une phrase qui pourrait avoir été extraite d'un passage de *Sein und Zeit*, Cassirer continue d'expliquer que la connaissance que l'esprit peut acquérir de lui-même, peut seulement être réalisée dans une structure temporelle où le

---

[52] *ECN*, I, p. 29: «Das Bild weist seinem Bestand, seinem konstitutiven Sinngehalt nach, immer auf die 'Einbildungskraft' zurück — und diese zeigt sich, wenn wir auf ihre eigentliche Wurzel zurückgehen, niemals als eine bloß reproduktive, sondern als eine produktive Funktion. Wir brauchen dies hier nicht im einzelnen auszuführen und zu erweisen: ist es doch eben diese Leistung der 'produktiven Einbildungskraft', die uns allenthalben im Aufbau der einzelnen Formwelten entgegengetreten ist und die gewissermassen das einigende ideelle Band ist, das sich um sie schlingt».

[53] *PFS*, III, p. 208/212.

passé et le présent se pénètrent à la lumière de l'avenir: cette connaissance «ne peut naître que dans la mesure où l'esprit conserve son histoire dans sa pure présence et anticipe son avenir dans un processus formatif» (*es entsteht erst, indem er in seiner reinen Gegenwart seine Geschichte bewahrt und seine Zukunft gestaltend vorwegnimmt*)[54]. Ainsi, «seul un être voulant et agissant, projetant un avenir et le déterminant grâce à sa volonté, peut avoir une 'histoire'; seul, il peut posséder un *savoir* d'une telle histoire parce que, et dans la mesure où, il la *produit* continuellement»[55]. Bien sûr, cette «volonté historique» n'est pas possible sans l'acte de «l'imagination productrice» qui «*projette*» devant la conscience une présence qui se met à voir.

Chacune des formes symboliques constitue un mode spécifique de «vision» par laquelle l'esprit voit le monde. Ainsi, l'activité symbolique de l'esprit constitue le monde dans et par son acte de vision. Voir le monde, c'est le voir par les yeux de l'esprit. C'est pour cette raison que le symbole doit «courir» en avant de la réalité, parce que c'est le symbole qui constitue la vision comme un rapport entre un sujet qui voit et ce qui se met à voir. Le sujet est forcément obligé de le suivre, parce que cette voie que le symbole ouvre et éclaire est le seul chemin que l'esprit voit.

Les cinq modes de vision Au cours de notre examen des formes culturelles principales nous rencontrerons à plusieurs reprises toutes ces caractéristiques fondamentales de la fonction symbolique. Chaque forme culturelle construit son propre système de signification, selon sa propre loi structurale. Chacune de ces «directions cardinales» a sa place particulière et sa fonction spécifique à l'intérieur de la structure

---

[54] *Ibid.*, p. 214/219.
[55] *Ibid.*, p. 207/211.

du processus de signification. Mais combien de formes symboliques y a-t-il? Notre interprétation s'écarte de l'opinion générale en soutenant qu'il y a seulement cinq «directions cardinales»: à savoir, la langue, le mythe, la religion, la science et l'art. Chacune de ces cinq formes est l'expression objective d'un moment spécifique à l'intérieur de la structure universelle de l'unité concrète constituée par la présence de la signification, par la présence du monde à la conscience et par la présence de la conscience à elle-même.

Mais pourquoi cinq? D'abord, il faut noter que la fonction symbolique possède deux éléments essentiels, à savoir, une présence sensible et intuitive, d'une part, et une signification non intuitive, de l'autre. Or chaque forme symbolique, en tant qu'expression de la fonction symbolique, possède cette structure fondamentale. Ce qui distingue une forme des autres est le rapport spécifique entre ces deux éléments, qui est établi par la formation symbolique de cette forme. Les cinq formes symboliques représentent les cinq rapports possibles et idéaux entre le signifiant et le signifié. Dans l'expression mythique, les deux éléments constitutifs de la fonction symbolique forment une identité complète. Ils sont fusionnés dans une unité concrète et absolue, de telle façon que la présence sensible de la signification est perçue comme la signification de la présence en tant que telle. Dans la représentation linguistique, le signifiant et le signifié sont différenciés, et chacun possède sa propre existence. Ainsi, le signifiant re-présente le signifié. Nous allons voir que l'expression est caractérisée par Cassirer comme une force centripète, alors que la représentation est caractérisée comme une force centrifuge: l'une mène vers l'intérieur, afin d'établir une unité d'identité, l'autre mène vers l'extérieur afin d'établir l'altérité de différence. Cette polarité des directions représente les deux mouvements qui constituent toute conscience en tant que telle. La première manifeste le mouvement vers le sujet qui voit, alors que la deuxième manifeste le mouvement vers l'objet qui se met à voir. Or on peut mettre en cause l'un des deux éléments pour mettre l'autre en évidence. La religion tente de nier toute présence intuitive, afin de saisir directement le sens non intuitif au-delà d'elle, et ainsi mène vers une subjectivité pure. La science tente, par contre, d'établir une objectivité pure au-delà de toute référence au sujet. Pour accomplir ce but, la science nie le signifié en tant qu'existence autonome. Le sens du signifiant n'est que sa position dans un système des signifiants construit par la science elle-même. Enfin, les deux éléments peuvent former une unité harmonieuse dans laquelle la présence sensible et le sens non intuitif, mais aussi le sujet et l'objet, s'interpénètrent et se fondent l'un dans l'autre pour ainsi constituer une unité en elle-même distincte et divisée. Voilà *grosso modo* le système des formes symboliques.

CHAPITRE 2
Le langage —
la naissance du sens et
la construction du monde objectif vécu

La langue, ça parle Commençons par le langage, parce que tout commence par le langage. D'après Cassirer, l'homme *est*, et est homme, seulement dans la mesure où il parle, et il parle seulement dans la mesure où il est homme. Or il n'y a pas de parole sans langue, car parler est toujours parler une langue. La langue se manifeste dans et par la parole, comme ce qui l'anime de l'intérieur, mais qui, en même temps, la transcende. Le langage possède une place spéciale, voire primordiale, dans le système des formes symboliques. On n'exagère pas si l'on dit que sans le langage, il n'y aurait pas d'autres formes, que toutes les autres sont, d'une manière ou d'une autre, les conséquences de la présence originelle du langage — mais, bien entendu, irréductibles à celui-ci. Donc, «le langage se trouve au point focal de l'être spirituel sur lequel se rassemblent des rayons d'origines très diverses et d'où partent des lignes directrices vers toutes les régions de l'esprit»[1]. Cependant, si le langage doit s'avérer être une énergie véritablement autonome de l'esprit, il faut démontrer sa *differentia specifica* en tant que forme symbolique.

*La **differentia specifica** Quelle est donc la *differentia spe-
du langage* cifica* du langage en tant que forme symbolique? «Le but de la répétition est dans l'identité, le but de la désignation linguistique est dans la différence»[2].

[1] *PFS*, I, p. 125/126.
[2] *Ibid.*, p. 140/137.

Le langage est cette énergie de l'esprit qui différencie toutes nos perceptions, nos intuitions, nos pensées du monde et de nous-mêmes par un processus de désignation phonétique qui leur confère une durée stable qui est nécessaire pour être une présence objective.

> Toutes deux [la perception (*Wahrnehmung*) et l'intuition (*Anschauung*)] deviennent ainsi «objectives», dans la mesure où l'énergie du langage parvient à éclairer, à distinguer et à organiser l'informe et morne chaos des simples réalités à l'état brut. [...] Au lieu de s'abandonner au pur instinct, au lieu de se dissoudre dans l'impression immédiate et les exigences de chaque instant, la vie entre dans les «significations»[3].

***L'animal* et *l'*animal symbolicum** Pour mieux comprendre la fonction spécifique du langage, il faut que l'on se lance dans un examen du processus même par lequel «l'homme a filé de lui-même le tissu de la langue et s'est filé lui-même dans ce tissu»[4], c'est-à-dire du mouvement structural de la nature à la culture.

L'animal est caractérisé par un engagement immédiat et concret dans et avec le monde. Cassirer reconnaît chez les animaux une forme de conscience de leur «mondes intérieurs» et de leur «mondes extérieurs». Mais il faut, semble-t-il, qu'on reconnaisse chez eux aussi la présence d'une forme d'auto-expression, voire de communication, et une forme d'organisation sociale, voire une politique, et une forme de manipulation du monde, voire une technologie. Donc, lorsqu'on définit l'homme comme l'*animal rationale*, ou l'animal politique, ou l'animal technologique, on ne saisit pas de façon adéquate la *differentia specifica* du mode humain d'être. Quelle est alors cette différence? D'après Cassirer, la différence

---

(3) *Logique des sciences de la culture*, p. 91/15.
(4) *PFS*, III, p. 28/19.

essentielle est que la structure dans laquelle les animaux se trouvent est une structure formelle et biologique, alors que la structure dans laquelle se trouve l'homme est une structure symbolique. En d'autres termes, l'homme devient homme au moment où il se retire d'un engagement immédiat et concret avec le monde, et ose vivre dans une réalité *virtuelle*, c'est-à-dire dans un ordre de pure possibilité idéale. «En bref, nous pouvons dire que l'animal possède une imagination et une intelligence pratique, alors que l'homme seul a développé une forme nouvelle: *une imagination et une intelligence symboliques*»[5].

Du désir animal à l'image de La conscience de l'animal
l'avenir: «le signifiant passe s'éveille par la présence d'un
à l'étage du signifié» objet dans lequel il «voit»
quelque chose de «désirable», quelque chose d'une importance «vitale». Dans sa perception de l'objet de désir, l'animal reconnaît sa propre négativité, c'est-à-dire qu'il perçoit une expression objective de son propre besoin interne. Le monde de l'animal se condense dans la perception de cet objet et rayonne à partir de celui-ci. Bien que le désir ait trouvé une «expression objective» dans un objet de désir, cette présence est éprouvée par l'animal dans sa chair et donc ne possède aucune altérité ou autonomie en soi. Toute l'existence de l'animal va être absorbée par cet état affectif et, paradoxalement, c'est seulement à ce moment que sa perception du monde et de lui-même s'éveille. Son être est impossible à distinguer de la présence de l'objet du désir et on peut même dire qu'il est constitué par celui-ci.

La structure du désir animal préfigure à plusieurs égards la structure du désir humain. La différence entre eux se trouve non pas dans la structure du désir, mais plutôt dans la nature

[5] *Essay*, p. 33.

de l'objet désiré. Alors que l'homme aussi bien que l'animal
vont poursuivre quelque chose de concret, ce que l'homme
poursuit est quelque chose qui est aussi essentiellement
virtuel. L'animal est déterminé par ses besoins vitaux qui sont
déterminés par le *Bauplan* de son espèce. «Chaque espèce
animale est en quelque sorte prisonnière du cercle de ses
besoins et de ses pulsions (*Triebe*); elle n'a pas d'autre univers que celui que ses instincts lui dessinent»[6]. L'animal
«poursuit» l'objet de son désir, et semble ainsi agir en fonction d'un but qui se trouve dans l'avenir, mais en fait ce qu'il
poursuit est seulement son besoin vital actuel et celui-ci est
déterminé par ses instincts. En effet, «l'action (*Tun*) subit
de l'arrière une impulsion qui la prolonge et la propulse dans
l'avenir sans que ni cet avenir même ni son 'anticipation'
idéale ne la déterminent»[7]. Et une fois que l'animal atteint
son but, «dès que cette excitation s'atténue, dès que la pulsion (*Trieb*) est calmée et satisfaite, l'être, le monde des représentations (*Vorstellungswelt*) retombe sur lui-même»[8].

Qui plus est, l'animal ne s'arrête jamais pour remettre en
question son choix d'objet. En outre, l'animal ne peut pas
sublimer son désir pour un objet en le substituant par un autre.
Pour l'animal, il n'y a que *cet* objet, *cette* présence immédiate
et concrète d'affectivité qu'il doit «accepter» comme telle.
«En comparaison avec les animaux qui disent toujours 'Oui'
à tout ce qui, par hasard, est (*Wirklichsein*), même lorsqu'ils
sont repoussés ou sont en train de fuir, l'homme est 'l'être
qui est capable de dire Non' (*Neinsagenkönner*) [...] 'l'ascé-
tique de la Vie', le protestataire éternel contre la pure réalité
(*Wirklichkeit*)»[9]. Cependant, l'acceptation de l'animal reste
une acceptation implicite, car, en dernière analyse, l'animal

[6] *Logique des sciences de la culture*, p. 106/27.
[7] *PFS*, III, p. 311/323.
[8] *LM*, p. 55/107.
[9] «'Geist' und 'Leben'», p. 38.

n'a pas vraiment le choix. L'animal «*vit* dans son monde ambiant, sans se l'opposer et sans se le représenter»[10]. N'*est* que ce qui est présent et concrètement là. «Ici la nature agit encore comme excitation externe dont la présence sensible est requise pour susciter l'impression correspondante: elle n'entre pas dans le rapport à la simple image qu'ébauche le pouvoir de représentation et qui anticipe en quelque sorte l'existence de l'objet»[11].

Pendant quelque temps, la conscience reste asservie à la tyrannie de sa propre négativité interne, à cette force émotive du moment qui détermine tout son être. Mais à un moment donné une opposition se manifeste à cette tyrannie des émotions, une résistance à cette présence écrasante de la réalité pure. Tiraillé entre le désir pour quelque chose et l'horreur de la réalité pure, le conflit émotionnel cherche une solution, une façon de «maîtriser la situation»[12], d'établir une harmonie entre toutes les tensions. De la profondeur de son être s'élève un cri d'opposition, un rejet explosif à la présence immédiate de la réalité, un son imprégné d'un sens, un son qui a l'intention de «dire» quelque chose... «non!» — c'est-à-dire, «ça suffit, les choses *peuvent* être autrement, ou du moins *doivent* l'être». Un sentiment d'étonnement (θαυμάζειν) et d'émerveillement se manifeste suite à cette *interjection* primale.

> Lorsque la simple terreur animale se transforme en étonnement, sentiment ambigu où se mêlent la frayeur et l'espoir, la crainte et l'admiration, lorsque, de cette manière, l'excitation sensible cherche pour la première fois à se frayer une issue et à *s'exprimer*, l'homme a franchi le seuil d'une nouvelle spiritualité[13].

[10] *PFS*, III, p. 310/323.
[11] *Ibid.*, p. 131/130.
[12] *Aufbau*, p. 53.
[13] *PFS*, II, p. 104/99.

Dans cette première expression, cette première interjection, la présence sensible dans laquelle l'animal percevait sa propre négativité, dont l'existence était complètement subjective, devient une image objective, c'est-à-dire une expression qui représente quelque chose d'autre qu'elle-même, et donc qui possède une signification.

> Quand d'un côté le moi est tout entier livré à une impression momentanée et «possédé» par elle, et qu'il y a d'un autre côté la plus extrême tension entre lui-même et le monde extérieur, lorsque l'être extérieur n'est pas simplement regardé et intuitionné, mais qu'il assaille l'homme brusquement et sans transition, dans l'affect de la peur ou de l'espoir, dans l'affect de la frayeur ou du désir satisfait et comblé, alors le courant, si l'on peut dire, passe: la tension se décharge, l'excitation subjective s'objective, elle prend, face à l'homme, figure de dieu ou de démon[14].

> Dès que l'étincelle est passée, que la tension et l'affect (*Affekt*) de l'instant se sont déchargés dans le mot ou dans l'image mythique, commence en quelque sorte une péripétie de l'esprit. L'excitation en tant qu'état simplement subjectif s'est éteinte, s'est dissoute dans la structure (*Gebilde*) mythique ou linguistique[15].

Voilà une première expression indicative qui signale quelque chose qui est désiré ou rejeté. «Il s'agit là d'une première étape au terme de laquelle le moi, caractérisé par la sensation et le désir, éloigne de lui le contenu représenté et désiré, et constitue par là même un objet, un contenu 'objectif' pour lui»[16]: et ainsi un signe ($\frac{S}{s}$) est créé, ou comme le dit Jacques Lacan, «le signifiant passe à l'étage du signifié»[17].

---

[14] *LM*, p. 50/103.
[15] *Ibid.*, pp. 52 sq./105.
[16] *PFS*, I, p. 131/128.
[17] J. LACAN, *Écrits* (Le champ freudien). Paris, Éditions du Seuil, 1966, p. 504.

À cet instant, dans cet objet, «l'avenir» est devenu «une image, une prospective»[18]. C'est seulement par l'intermédiaire de cette image, par la prospective de l'avenir que s'ouvre la voie par laquelle on peut surmonter la tyrannie de l'affection et de l'émotion[19].

> Cette tendance propre à l'ensemble du processus de formation du langage se manifeste déjà lorsqu'on passe du simple son, traduction sensible d'une excitation, au cri. Le cri peut encore ressortir au domaine des simples interjections, mais il excède cette signification dès qu'il cesse de simplement extérioriser par réflexe une impression sensible immédiatement reçue et dès qu'il exprime une visée déterminée et consciente de la volonté. Car la conscience n'est plus alors sous le signe de la simple reproduction, mais sous le signe de l'anticipation (*Antizipation*): elle ne s'attarde plus dans le présent du donné (*Gegebenes*), mais empiète sur la représentation d'un avenir (*greift auf die Vorstellung eines Künftigen über*)[20].

> L'élan initial n'a pas seulement son origine dans l'urgence du présent, mais il appartient également au futur […]. Cette «pré-conception» du futur caractérise toute l'activité humaine. Nous devons nous représenter en «image» quelque chose qui n'existe pas, pour passer à la suite de cette «possibilité» à la «réalité», du virtuel à l'acte[21].

La présence effective de l'image sensible n'est plus un «signal» qui déclenche un instinct vital, elle est devenue un «symbole» qui possède une signification et qui doit être contemplé[22]. Le cri n'est plus une expression sauvage, une réaction corporelle, mais il est un appel, une demande, un acte de parole.

---

[18] *LM*, p. 38/107.
[19] Pour une discussion concernant la structure temporelle de l'intentionalité du symbole voir ci-dessus, p. 34.
[20] *PFS*, I, pp. 255 sq./258.
[21] *Logique des sciences de la culture*, p. 104/26.
[22] Cf. *Essay*, p. 32.

Les métaphores phonétiques   L'interjection émotive de l'animal ne dit rien, parce qu'elle n'a pas l'intention de dire
quelque chose, c'est-à-dire qu'elle ne possède aucune signification objective. L'interjection émotive se charge d'un sens,
et donc dit quelque chose, seulement quand elle «se transforme en une succession phonétique (*Lautfolge*), cohérente et
ordonnée»[23]. Nous avons déjà vu que le sens d'un symbole
est uniquement sa place dans un système symbolique[24]. Le
sens d'un mot sera un autre mot. Bien avant que le langage
n'atteigne son expression pleine et complète, il se manifeste
déjà dans la forme de «*métaphores phonétiques*» (*Lautmeta-
phern*)[25].

> Dès les premiers balbutiements de la langue enfantine, les groupes
> phonétiques à tendance essentiellement «*centripète*» se distin-
> guent très nettement de ceux à tendance «*centrifuge*». Le *m* et
> le *n* indiquent un mouvement vers l'intérieur, de même que les
> explosives à tension croissante — le *p* et le *b*, le *t* et le *d* — annon-
> cent un mouvement inverse vers l'extérieur. Dans un cas, le son
> désigne un mouvement qui renvoie au sujet; dans l'autre, le
> son implique une relation au «monde extérieur», une référence,
> un renvoi, une indication. Là, le son correspond aux gestes pour
> saisir, embrasser, aux gestes qui expriment le désir d'attirer à
> soi; ici, il correspond aux gestes qui servent à montrer et à pous-
> ser loin de soi[26].

Cette division entre une tendance centripète et une tendance centrifuge, se trouve partout dans l'œuvre de Cassirer,
il semble en effet qu'elle ait occupé une place d'importance
dans sa conception de la fonction symbolique. De toute
évidence, le mouvement vers une réalité objective ne peut
se produire sans provoquer — et sans présupposer — un

---

[23] *PFS*, I, p. 136/134.
[24] Voir ci-dessus, p. 25.
[25] *Ibid.*, p. 155/153; cf. aussi *PFS*, III, p. 375/395.
[26] *PFS*, I, p. 155/153.

mouvement vers le sujet, et vice versa. Toute conscience d'une présence objective est, implicitement ou explicitement, aussi une conscience du fait d'être conscience de quelque chose. De même, toute conscience de soi est, implicitement ou explicitement, aussi une conscience de quelque chose d'autre. Bref, une «conscience est une conscience des objets dans la mesure où elle est consciente de soi — et elle est une conscience de soi seulement dans et par le fait qu'elle est consciente des objets»[27]. Cette tension entre l'extérieur et l'intérieur, entre l'objet de la conscience et le sujet de la conscience, se trouve dans chaque forme symbolique et même dans la structure globale du système des formes symboliques. La différence, par exemple, entre la force de représentation linguistique, d'un côté, et la force d'expression mythique, de l'autre, est que dans leur mode de formation la première prend essentiellement une direction «centripète» alors que la deuxième prend essentiellement une direction «centrifuge»[28]. La science tente de nier la direction centrifuge, c'est-à-dire le mouvement vers le sujet, pour ainsi établir une sphère de pure objectivité. La religion, par contre, tente de nier le mouvement centripète pour ainsi établir une subjectivité pure. Et, finalement, l'art est défini comme harmonie pure entre la direction centripète et la direction centrifuge.

Les différences de sens ne sont pas des différences ontologiques   Le «système» des métaphores phonétiques agira comme «le cadre primitif» de différenciation dans lequel vont s'inscrire toutes les distinctions ultérieures[29]. Il est important ici qu'on se souvienne que ces distinctions ne copient pas des distinctions déjà existantes, mais plutôt qu'elles

---

(27) *ECN*, I, p. 64.
(28) *PFS*, III, p. 83/79.
(29) *Ibid.*, p. 156/154.

fonctionnent pour différencier et pour stabiliser nos perceptions, intuitions et pensées du monde et de nous-mêmes.

> La fonction de «nomination» (*Benennen*) devient le point de
> départ et le véhicule pour la fonction de la détermination objec-
> tive (*die Funktion der gegenständlichen Bestimmung*) — ou, pour
> mieux dire, pour la fonction de la détermination à l'égard de
> l'objet (*die Funktion der Bestimmung zum Gegenstande*). Dès
> qu'un contenu est nommé, il devient prêt pour la perception
> objective et l'intuition objective pure. Il acquiert par le nom
> une constance et une permanence qui sont liées aux contenus
> de l'expérience éphémère à laquelle un nom n'a pas été donné[30].

La langue ne prend pas comme point de départ un monde
d'objets déjà là, une intuition objective déjà formée. On peut
dire que là où il n'y a pas de mot, il n'y a pas de chose.
«L'unité du nom sert de point de cristallisation pour la multiplicité des représentations; les phénomènes hétérogènes en
eux-mêmes deviennent homogènes et semblables par leur
relation à un centre commun. Et grâce à cette relation, ils
deviennent les phénomènes d'un seul et même 'objet' […]»[31].
Le nom fonctionne comme un *centre de référence* commun,
qui donne au contenu «une nouvelle unité d''essence'»[32].
Donc le nom n'est pas extérieur à l'objet qu'il forme, comme
une étiquette d'identification qui serait collée sur lui, mais
il dépend de la règle de progression par laquelle la conscience
regroupe une série d'éléments qu'on appelle une chose,
une action, etc. C'est à l'intérieur même de la conscience
qu'on établit ces distinctions. Il faut donc «résister à la tentation de vouloir éclairer les différences de signification et
de valeur en les ramenant à des différences ontico-réelles, en
les expliquant à partir d'hypothèses réalistes sur la nature et

---

[30]) *ECN*, I, p. 70.
[31]) *Aufbau*, p. 49.
[32]) Voir ci-dessus, p. 20.

la structure du monde des choses ou sur la nature du monde des sensations simples»[33].

Les étapes du processus linguistique On a vu que «le but de la désignation linguistique est dans la différence». Le langage est la forme symbolique qui construit le monde objectif par un processus de désignation phonétique. Or le langage progresse vers l'expression idéale et complète de sa forme propre, vers la réalisation de sa «libération intérieure», à travers les trois mêmes étapes que traversent toutes les formes symboliques: à savoir, une étape «mimique», une étape «analogique» et une étape «proprement symbolique»[34]. Grâce à ce mouvement, le langage établit sa propre sphère de signification et son propre domaine d'être et d'activité. À l'étape mimique, le langage s'accroche toujours à la réalité concrète. Ici, les métaphores phoniques sont fusionnées avec le monde qu'elles différencient, et par conséquent, la logique des choses est équivalente à la logique des mots. Bien que le signifiant soit distingué du signifié, à cette étape de la conscience linguistique, les deux forment encore une étroite unité. Il s'agit ici du système des «*métaphores phonétiques*» qui établit le cadre primitif de différenciation entre un vecteur *centripète* de signification et un vecteur *centrifuge* de signification[35]: on peut les représenter respectivement par les sons ā et ō. Il n'est pas nécessaire d'entrer dans le détail anthropologique de l'analyse cassirerienne du processus par lequel le langage différencie les intuitions fondamentales de l'espace, du temps, du nombre et du sujet. «Pour le langage, le point de départ est constitué par l'exacte distinction des *positions* et des *distances* dans l'espace, à partir desquelles il progresse

---

[33] *PFS*, III, p. 144/142 sq.
[34] *PFS*, I, p. 141/139.
[35] Voir ci-dessus, p. 46.

dans la construction (*Aufbau*) de la réalité objective et dans la détermination des objets de connaissance»[36]. Dans sa différenciation de l'espace, par exemple, le ō désigne le «*là*» vers lequel toute action est orientée, et inversement le désigne ā l'«ici» comme la source de l'action[37]. De la même façon, «la voyelle ā sert à désigner le temporellement présent, la voyelle ō désigne ce qui est temporellement absent»[38]. Le présent est toujours ici, et le temporellement absent toujours lointain, un là au-delà du maintenant et de l'ici. «La différenciation des lieux fonde [aussi] la différenciation des contenus du 'moi', du 'toi' et du 'lui' [...]»[39]. «Il s'agit d'un même acte d'indication, à la fois mimique et linguistique; il s'agit des mêmes formes fondamentales de la '*deixis*' générale dont sont issues l'opposition de l'ici, du là et du là-bas comme l'opposition du 'moi', du 'toi' et du 'lui'»[40]. L'«ici» est le lieu où je me trouve toujours, et où que je sois, je puis toujours dire que je suis «maintenant» ici. Et, par conséquent, le «là» est le lieu où l'autre se trouve. Ainsi, «le japonais, à partir d'un adverbe de lieu qui, en fait, signifie 'milieu', a forgé un mot pour 'moi', et à partir de là, un autre qui signifie 'là' ou 'là-bas', un mot pour 'lui'»[41]. Le langage met au centre le moi, le sujet qui parle, et à la circonférence, l'autre, le «toi» et le «lui», à qui la parole est adressée. On peut s'interroger si c'est seulement par hasard que dans la langue française, la

[36] *PFS*, I, p. 157/155: Le langage est donc essentiellement spatial. Par conséquent, toute notre pensée, qui est formée par le langage, est aussi essentiellement spatiale. C'est pourquoi toutes les tentatives pour penser fondamentalement le temps, c'est-à-dire pour établir une ontologie fondamentale, sont vouées à l'échec, car la pensée ne peut jamais échapper aux métaphores spatiales constitutives du langage.

[37] Cf. *PFS*, I, p. 156/154.

[38] *Ibid.*, p. 177/175.

[39] *Ibid.*, p. 157/155.

[40] *Ibid.*, p. 169/168.

[41] *Ibid.*, p. 171/169.

désignation du «*m*oi» et du «*t*oi» fait témoignage de ce cadre primitif de différenciation dans lequel le *m* «indique un mouvement vers l'intérieur» et le *t* «annonce un mouvement inverse vers l'extérieur»[42].

Le langage avance lentement dans son développement jusqu'au point où le signifiant se différencie clairement du signifié. À ce moment, on fait «le pas décisif de la fonction concrète de la 'désignation' à la fonction universelle et universellement valable de la 'signification'. Le langage quitte alors en quelque sorte l'enveloppe sensible dans laquelle il se présentait jusqu'alors: l'expression mimique ou analogique cède la place à l'expression purement symbolique qui, par et dans son altérité, devient chargée d'un contenu spirituel nouveau et plus profond»[43], c'est-à-dire que l'étape finale du mouvement linguistique amène le langage au seuil de la science. Mais le langage ne peut jamais traverser cette frontière sans cesser d'être un langage parlé et vécu, sans cesser d'être le langage: car «les concepts du langage se situent toujours à la limite entre l'action et la réflexion, entre l'agir et le contempler»[44]. C'est pourquoi le monde objectif qui est constitué par le langage est toujours un monde vécu. Même là où le langage semble être occupé avec la formation du monde des objets, ces objets sont toujours caractérisés en termes du sujet qui les perçoit, et donc l'objectivité qui est établie par le langage est essentiellement une réalité subjective. «Car le mot n'est pas une réplique de l'objet en soi, mais de l'image que celui-ci produit dans l'âme»[45]. La transition du langage à la science exige la négation de ce caractère subjectif du langage, négation que le langage ne peut pas opérer sans détruire sa force spirituelle particulière. On

[42] Voir ci-dessus, p. 46.
[43] *Ibid.*, p. 149/148.
[44] *Ibid.*, p. 255/257.
[45] *Ibid.*, p. 254/256.

réexaminera ultérieurement la transition du langage à la science, ainsi que leur rapport réciproque[46].

Le langage comme   Mais la signification linguistique n'est-elle
Weltanschauung   pas seulement une convention historique
et donc arbitraire? Cassirer serait d'accord. Le processus de transformation du flux héraclitéen en objet — processus qui fournit un «signe» à ce flux, le prenant ainsi comme «le même» — consiste effectivement à établir une «unité 'artificielle'»[47]. Suivant Humboldt, Cassirer soutient que «la différence des langues vient [...] moins de la différence des sons et des signes que de celle des perspectives du monde»[48]. Bien que «les langues se distinguent entre elles par leur 'point de vue particulier sur le monde' (*Standpunkt der Weltansicht*)», il est néanmoins «une perspective sur le monde propre au langage qui fait l'originalité de ce dernier parmi toutes les autres formes de l'esprit»[49] — et c'est cette forme universelle, et non son expression historique, que nous avons essayé d'éclaircir ici.

(46) Cf. chapitre 5 sur la science.
(47) *ECN*, I, p. 71.
(48) *Aufbau*, p. 41; cf. aussi *Essay*, p. 120.
(49) *PFS*, I, pp. 254 sq./257.

CHAPITRE 3
*Le mythe —
la présence du sens et
le sens de la présence vécue*

Une «critique de la   Le traitement du mythe en tant que
conscience mythique»?   forme symbolique est peut-être un
des aspects les plus originaux de la théorie cassirerienne de
l'esprit et sans doute, pour cette raison, un des plus obscurs
et difficiles. Cassirer lui-même a souligné que son travail sur
le mythe n'avait pas l'intention d'être «une conclusion», mais
seulement «un commencement»[1]. Mais la difficulté de comprendre la nature du mythe est due aussi à la logique paradoxale du mythe lui-même. En effet, le monde mythique se
trouve au-delà de la sphère de compréhension théorique:
«l'image mythique et l'image théorico-scientifique du monde
ne peuvent ni coexister ni se juxtaposer à l'intérieur du même
espace mental: elles s'excluent rigoureusement, le commencement de l'une équivalant à la fin de l'autre»[2]. Une «critique
de la conscience mythique» ne peut donc que paraître «paradoxale»; car le mythe cesse d'être mythe au moment où il est
reconnu comme mythe. «Chaque érudit a trouvé dans le
mythe ces objets avec lesquels il était le plus familier. Au
fond, les différentes écoles n'ont vu dans le miroir magique
du mythe que leur propre visage»[3]. Ce que le mythe *est*,
est remplacé par une théorie du mythe qui le décrit comme
un domaine d'illusion et de non-être, comme une étape de

[1] *PFS*, II, p. 13/*vii*.
[2] *Ibid.*, p. 95/91.
[3] *MS*, p. 6

la pensée théorique, comme un symptôme de psychose ou comme la parole de Dieu... Mais il s'agit dans chaque cas «de 'comprendre' le mythe en le rapportant et en le réduisant à quelque chose d'*autre* que ce qu'il est et signifie lui-même immédiatement»[4]. En un mot, toute connaissance du mythe est, en dernière analyse, une méconnaissance du mythe — ce qui est intéressant, parce que la connaissance mythique est caractérisée précisément par ce genre de méconnaissance que la connaissance théorique voudrait surmonter.

Le mythe en tant que forme symbolique   Et la philosophie des formes symboliques n'est-elle pas aussi menacée par cette méconnaissance inhérente à toute connaissance du mythe? Ne voit-elle pas dans le «miroir du mythe» une forme symbolique? Cassirer lui-même reconnaît le danger:

> Si, à cet égard, il semble souhaitable de faire entrer le mythe dans un système global des «formes symboliques», cette subordination n'est pas sans danger. Car, si une comparaison de la forme mythique à d'autres formes de l'esprit est comprise dans un sens purement *objectif*, c'est-à-dire qu'on cherche à la fonder sur de simples coïncidences et relations de contenus, on risque toujours de niveler la teneur propre de la forme mythique. Il ne manque pas d'ailleurs de tentatives en ce sens pour rendre le mythe «intelligible» en le *réduisant* à quelque *autre* forme de l'esprit, que ce soit la connaissance, l'art ou le langage[5].

Cassirer espère éviter ce danger par son concept de fonction symbolique «qui se retrouve dans chacune des formes spirituelles fondamentales, mais qui n'a dans aucune de ces formes une figure proprement identique». Comme dans le cas des autres formes symboliques, il faut démontrer la nature spécifique du mythe, non par l'unité de son contenu, mais

(4) *PFS*, II, p. 28/17.
(5) *Ibid.*, p. 38/28; trad. modifiée.

par l'unité de sa fonction dans le tout organique que forme la structure symbolique de la culture, c'est-à-dire par «l'unité d'une certaine 'forme structurelle' de l'esprit»[6]— ce qui est intéressant, parce que, comme on le verra, le mythe est la «forme structurelle» par excellence. En fait, on peut dire que le mode mythique d'être est défini par la perspective d'un élément à l'intérieur d'une structure symbolique, la perspective de quelque chose de structuré. Donc, le monde mythique possède, paradoxalement, une structure géométriquement parfaite.

La présence du mythe comme sens de la présence vécue Bien que Cassirer parle toujours du mythe comme de quelque chose du passé, et surtout quelque chose qui peut et doit être surmonté par la raison, le fait est que, même par sa propre théorie, le mythe doit être compris comme une dimension structurale *permanente* de l'esprit. Mais pourquoi alors le mythe se manifeste-t-il toujours comme une phase temporaire appartenant au passé ou comme quelque chose qui doit être surmonté, devenant ainsi un aspect du passé? En bref, c'est parce que dans son état originel, le mythe est tellement immanent à la vie de l'esprit qu'il est impossible à distinguer de celui-ci. Le mythe vécu apparaît comme la signification de la vie elle-même. Lorsque nous ne le voyons plus comme la signification de la vie, mais plutôt comme une signification culturelle et historique, nous l'avons déjà surmonté. Alors un mythe qui est vu comme un mythe est forcément un mythe passé. Dans deux notes du troisième volume de *La philosophie des formes symboliques*, Cassirer décrit son projet philosophique général dans les termes heideggeriens suivants: il recherche la condition de la possibilité d'effectuer la transition de l'«existentialité du '*Dasein*'»

(6) *Ibid.*, p. 27/15.

au «sens 'objectif' du 'logos'», de l'état du «*Zuhandenen*» à la forme du «*Vorhandenen*» et celui-ci dans et à travers le «domaine de la formation *symbolique*»[7]. Le monde mythique est ce domaine initial du sens existentiel qui est vécu dans la chair même de notre existence, ce «sens d'être de l'*être-là*» (*Seinssinn des Daseins*).

Pour mieux déterminer la nature spécifique de la présence du sens mythique, il faut retourner, comme Cassirer lui-même l'indique, à une réflexion sur le lien entre «le problème de la signification et celui de la désignation»[8]. On a déjà vu que le contenu de tout acte de conscience est composé de deux éléments, à savoir, une présence sensible et un sens non intuitif. «Tout présent (*Gegenwärtige*) *fonctionne* au sens d'une re-présentation (*Vergegenwärtigung*), de même que toute re-présentation (*Vergegenwärtigung*) exige son rattachement à quelque chose de présent (*Gegenwärtiges*) à la conscience»[9]. Chaque forme symbolique est définie selon le mode spécifique du rapport entre le «signifiant» (*Bedeutendes*) et le «signifié» (*Bedeutetes*)[10] qui détermine le mode dans lequel la signification est présente à la conscience. Toutes les formes de la conscience théorique sont caractérisées par le fait que la distinction entre les deux est mise en évidence consciemment. La présence du signe re-présente quelque chose qui est au-delà de lui-même, et lui donne une présence. Le mot et le symbole scientifique accomplissent cette tâche chacun à un certain niveau d'idéalité qui est propre à son mode de signification. Ici, le signe est toujours pris comme secondaire par rapport à la réalité qui est re-présentée. Le signe est seulement une «re-présentation» (*Vergegenwärtigung*), un moyen de rendre présente une présentation originale et authentique

(7) Voir *PFS*, III, pp. 172 sq./ 173 et 188/190.

(8) *PFS*, II, p. 40/30.

(9) *PFS*, III, p. 226/232 ; cité ci-dessus p. 27.

(10) *PFS*, II, p. 43/33.

(*Gegenwärtigung*)[11]. D'où il suit que le système des signes construit par la conscience théorique possède une certaine circularité, une réversibilité et une relativité de sens qui sont nécessaires à ce mode particulier de représentation et de signification. Par opposition à la vue théorique du monde, la conscience mythique est la connaissance d'une présence absolument unique et concrète. Ici, il n'y a pas de distinction entre l'image sensible et le sens non intuitif. L'image mythique est tellement tissée dans notre intuition de la réalité qu'il est impossible de distinguer l'une de l'autre. Pour autant que l'image mythique représente la présence concrète et immédiate de la signification spirituelle — et ainsi la signification de la présence concrète et immédiate — elle constitue la *texture* de ce qu'on reconnaît comme le réel. Ici, «être effectif» (*wirksam sein*) *est* «être réel» (*wirklich sein*)[12].

La conscience mythique ne conclut pas du phénomène (*Erscheinung*) à l'essence: en lui on *a* et possède l'essence, qui ne se retire pas derrière le phénomène mais surgit en lui, ne se déguise pas en lui mais s'approprie en lui. Tout phénomène occasionnel y exhibe un caractère de présence authentique (*echte Präsenz*) et non de simple représentation substitutive: chaque étant réel s'y

---

(11) Le terme *Gegenwärtigung* n'est pas, à ma connaissance, utilisé par Cassirer. Il vient plutôt de Husserl et il joue un rôle important dans sa philosophie de la perception. Cependant, il est clair que lorsque Cassirer parle de quelque chose qui est *gegenwärtig*, il vise une processus que Husserl appellerait *Gegenwärtigung*. Donc, comme R. Bernet l'a soutenu, la conception de la représentation chez Cassirer met en question la distinction claire que Husserl opère entre la représentation et la «présentation»: «Cette fonction de la représentation qui est commune à la perception, à la conscience de l'image, et à la manière dont le signe renvoie à la signification efface donc l'opposition entre 'présentation' (*Gegenwärtigung*) et 're-présentation' (*Vergegenwärtigung*) sur laquelle reposait toute la théorie de la perception chez Husserl» (R. BERNET, *La vie du sujet. Études sur Husserl et la phénoménologie* (Épiméthée). Paris, Presses universitaires de France, 1994, p. 150).

(12) *PFS*, II, p. 59/49.

dresse en pleine *présence* (*Gegenwart*) au lieu de ne se «re-présenter» que par la médiation du phénomène (*ein Seiendes und Wirkliches steht in ihm in voller Gegenwart da, statt sich nur mittelbar durch dasselbe zu «vergegenwärtigen»*)[13].

Et en fait, de cette perspective, «le rapport entre 'image' (*Bild*) et 'chose' (*Sache*), dans la mesure où l'on distingue entre les deux, doit s'inverser directement, l'image affirmant une prééminence et une priorité caractéristique sur la chose»[14]. Le domaine du mythe est donc le domaine de l'*imago*. Parce que toute notre connaissance de la réalité passe par la médiation d'un signe, la connaissance mythique est une méconnaissance dans la mesure où il prend l'image spirituelle pour une réalité objective. Mais si toute connaissance mythique est essentiellement une méconnaissance, elle est aussi une méconnaissance nécessaire.

La loi structurelle de la connaissance mythique   «*La loi de concrescence (Konkreszenz) ou de coïncidence (Koinzidenz) des membres d'une relation (Relationsglieder)*»[15] est l'expression la plus générale de la logique qui règle toutes les relations structurales de la pensée mythique. À la différence de la conscience théorique, qui cherche à établir une unité synthétique comme une unité hétérogène des différences idéales, la conscience mythique établit une unité synthétique dans laquelle toute différence est réduite à une unité homogène et indifférenciée, à une «*identité* réelle».

Là où nous voyons un simple rapport de représentation allégorique, le mythe, pour autant qu'il ne s'est pas écarté de sa forme primitive et qu'il n'a pas perdu son caractère originel, voit plutôt un rapport d'*identité* réelle. L'«image» ne manifeste

[13] *PFS*, III, p. 83/79.
[14] *Ibid.*, p. 85/81.
[15] *PFS*, II, p. 89/82; traduction de l'auteur.

pas la «chose», elle *est* la chose; elle ne se contente pas de la représenter, elle agit autant qu'elle, de sorte qu'elle la remplace dans
sa présence immédiate[16].

Là où la conscience mythique rencontre la différence,
elle l'efface et établit, à sa place, une identité entre ses divers
contenus qui sont concrétisés en une seule configuration
de la conscience. La *«concrescence»* des différences devient
une *«coïncidence»* des éléments. Quand la différence est trop
grande et prend la forme d'une opposition binaire qui ne
peut pas être synthétisée en une seule configuration, la
conscience mythique «hypostasie» chaque position anti-
thétique comme une réalité concrète qui existe indépendamment de l'autre. «La pensée *substantialiste* du mythe
assimile le multiple à l'un ou l'un au multiple. On ne trouve
ici que la *coïncidence* ou l'éclatement, et jamais cette *conclusion* spécifique du divers qui s'opère dans les synthèses purement intellectuelles de la conscience [...]»[17]. À la suite de
cette attitude d'indifférence à la différence, il n'y a, pour la
conscience mythique «qu'une seule dimension, qu'un seul
'plan d'être'»[18], de telle sorte que «toute 'vérité' et toute
réalité se perdent dans la simple présence du contenu, tout
ce qui d'une manière générale apparaît est ramené nécessairement à [ce] seul plan»[19].

Les traits caractéristiques   Nombre de traits caractéristiques
de la conscience mythique   de la conscience mythique décou-
lent, directement ou indirectement, de cette loi générale de
sa formation. D'abord, les contenus du mythe sont dans un
état de «métamorphose» perpétuelle. La pensée mythique

---

(16) *Ibid.*, p. 60/51.
(17) *Ibid.*, p. 197/198 n. 1.
(18) *Ibid.*, p. 89/82.
(19) *Ibid.*, p. 57/47.

est caractérisée par la condensation du contenu dans une image, un processus qui a comme conséquence une grande intensité de signification. Il est régi par une logique de fusion et de substitution, d'où «tout peut *devenir* à partir de tout, parce que tout peut entrer, spatialement ou temporellement, au contact de tout»[20]. Il y a un glissement continuel du signifiant par rapport au signifié. Cassirer explique souvent la dynamique du monde mythique en usant de termes qui rappellent le rêve. Car il s'agit dans les deux cas de la même dynamique de la signification, de la même condensation du sens, des mêmes condensation et métamorphose du contenu, du même glissement du signifiant par rapport au signifié.

Le contenu du mythe est toujours quelque chose de bien particulier, il ne s'agit jamais de la connaissance d'un cas général. Là où la connaissance théorique voit tous les objets et tous les événements comme des expressions différentes d'une loi universelle, la conscience mythique les voit uniquement comme des objets et des événements radicalement uniques. Alors que la science explique l'effet par une cause générale, en universalisant ainsi l'effet, le mythe explique l'effet spécifique par une cause également spécifique. Donc, pour le mythe, il s'agit de savoir «pourquoi» *cet* homme est mort *ce* jour à *cette* heure, etc. et non «comment» il est mort. La réponse à cette question est toujours parce que *cet* homme ou *ce* dieu l'a tué. Dans le monde mythique, il n'y a pas d'«accidents», il n'y a rien qui se passe par hasard.

Puisque la pensée mythique ne peut pas comprendre une unité différenciée, elle doit établir l'unité téléologique des événements du monde par référence au «commencement» absolu qui est l'origine de tout, le «à partir de quoi» tout devient et à une «fin» absolue vers laquelle tout est orienté,

[20] *Ibid.*, p. 70/61.

le «vers quoi» tout retourne[21]. D'après les principes fondamentaux du mode mythique de raisonnement, l'«origine»
ou la «cause» de tout est toujours une «chose originelle»
bien particulière. Cassirer exprime cette idée en allemand
par le mot *Ur-sache*[22], qui veut dire à la fois «cause» et «chose
primitive et originelle». Ainsi, «le monde est né d'une chose
simple et initiale»[23]. Il est bien évident que cette *Ur-sache*
ne peut jamais être comprise par la conscience mythique
comme quelque chose d'abstrait de la réalité qu'elle crée,
mais qu'elle doit plutôt toujours être vue comme quelque
chose de concret et de présent, c'est-à-dire comme une partie de cette réalité. On voit alors que le processus mythique
mène vers une transformation de toute signification en une
manifestation concrète.

> L'imagination mythique pousse à «spiritualiser» le Tout, à lui
> donner une vie et une âme; mais la forme de pensée mythique,
> qui attache toutes les qualités et toutes les activités, tous les états
> et toutes les relations, à un substrat stable, aboutit sans cesse
> à l'extrême opposé: à une sorte de matérialisation des contenus
> spirituels[24].

Le mythe comme monde Mais le monde mythique est plus
vécu concret de l'esprit qu'un mode de pensée ou un mode
de présence. En dernière analyse, il s'agit d'une forme d'action,
voire de toute une série d'actions. Car le monde mythique
se manifeste lui-même dans et par ses cultes et ses rites.

> Dans le culte et dans le rite, le mythique est toujours de vécu,
> parce que il est enraciné dans l'action vivante (*Im Kult und im
> Ritus wird das Mythische noch gelebt, wird es in lebendige Aktion*

[21] Cf. *ibid.*, p. 78/70.
[22] Cf. *ibid.*
[23] *Ibid.*
[24] *Ibid.*, p. 79/71 sq.

umgesetzt); dans son expression dans la forme d'une légende (*Sage*) il est énoncé, et à travers cette énonciation il acquiert une distance objective nouvelle[25].

Cassirer distingue entre deux aspects du mythe. À première vue, le mythe se manifeste dans la forme d'une légende, une fable qui est racontée au sein d'un peuple. Cet élément «narratif» du mythe est seulement la manifestation extérieure du véritable cœur du mythe, «une interprétation médiate de ce qui est immédiatement vivant dans l'action de l'homme, dans ses affects et sa volonté»[26]. Il s'agit ici de quelque chose qui se trouve dans notre chair, plutôt que de quelque chose que nous faisons.

> Ainsi compris, les rites ont originairement, non pas un sens simplement «allégorique», d'imitation ou de mise en scène, mais un sens parfaitement *réel*: ils sont à ce point insérés dans la réalité de l'action effective qu'ils en sont une partie intégrante indispensable. [...] Le culte est le véritable outil de l'homme, par lequel il soumet le monde d'une manière plus physique que spirituelle[27].

Dans nos rituels, nos actions ne sont point une «mise en scène» d'un événement, mais l'événement lui-même, et celui-ci est «un événement réel (*real*) et actuel (*wirklich*), parce qu'il est un événement parfaitement effectif (*wirksames Geschehen*)»[28]. La forme de l'intuition mythique du monde est entrelacée dans sa «forme de vie» (*Lebensform*). Donc, le mode mythique de la conscience est avant tout l'expression d'une connaissance primordiale de l'unité et de l'identité fondamentale de la vie[29]. Ici, il n'y a pas de distinction entre

[25] *ECN*, I, pp. 88 sq.
[26] *PFS*, II, p. 61/51.
[27] *Ibid.*
[28] *Ibid.*
[29] Cf. *MS*, p. 37.

la nature et la culture, entre l'universel et le contingent historique, le tout et la partie, le monde et l'individuel. Il y a seulement l'ordre des choses comme elles ont toujours été, dans lequel l'homme a sa place, son rôle à jouer — une place et un rôle qui constituent son être même.

Le sacré, le point zéro Au centre des activités rituelles se
du monde mythique trouve le «sacré». Toute réalité et
tout événement sont compris en fonction de l'«opposition fondamentale du sacré et du profane»[30]. La présence du sacré a pour effet, «non pas de rejeter [l'existence empirique] absolument, mais de l'imprégner progressivement de sacré. Le sacré conserve la faculté, même en s'y opposant, de modeler le profane»[31]. Bien que tous les contenus de la conscience mythique soient dans un état de «métamorphose» perpétuelle, il doit pourtant y avoir une place par rapport à laquelle tout se déplace et glisse, un point à partir duquel la série d'actions rituelles et d'événements s'organise, un point zéro à partir duquel le monde mythique va s'organiser. Ce point zéro du monde mythique, cet objet X qui fournit le point de départ de la construction du monde du mythe, est la présence du «sacré» (*das Heilige*). Le sacré délimite le tout et le différencie intérieurement. Ce processus de sacralisation est exprimé dans la notion de *templum*. «*Templum*, en effet (en grec, τέμενος), remonte à la racine τεμ-, 'couper', et ne signifie donc rien d'autre que ce qui est découpé, ce qui est délimité»[32]. «Les termes essentiels, *téménos* (*tempus*), *templum*, ne signifient rien d'autre que coupure, intersection: deux chevrons ou deux poutres disposées en croix constituent encore dans la langue tardive des charpentiers un

[30] *PFS*, II, p. 101/97.
[31] *Ibid.*, p. 105/99.
[32] *Ibid.*, p. 127/123.

templum [...]»[33]. Dans le monde qui est ouvert par la présence du *templum*, le dieu, la communauté et l'individu trouvent un espace dans lequel ils peuvent vivre, où ils se sentent chez eux (*heimisch*)[34]. Dans ce *foyer* (*Heimat*) l'homme se trouve devant la figure mythique du sacré, et donc dans la proximité de l'«origine» de ce qui est. L'image sacrée est l'«image archétype» (*Ur-bild*) qui constitue la présence de la cause primordiale du tout, la *Ur-sache*. Le monde est le *temple*, au centre duquel se trouve le *templum*. La présence du *templum* fournit l'image archétype (*Ur-bild*) qui est le motif de l'architecture de ce monde-temple, qui lui donne sa structure[35].

L'espace mythique: À l'intérieur du monde mythique, «la **être est position** distinction entre la 'place' et le 'contenu' [...] n'est pas encore effectuée»[36]. D'où il découle que ce n'est pas par hasard qu'une chose se trouve ici ou là, car chaque chose *a* sa place, et en fait *est* sa place, par rapport au sacré. «Il n'y a jamais, pour la pensée mythique, entre ce qui '*est*' une chose et le lieu où elle se trouve, un rapport purement 'extérieur' et contingent; le lieu lui-même est une partie de son être, qui lui est attachée par les *liens* internes bien précis»[37]. Le sens d'une chose est la *place* qu'elle occupe par rapport à toutes les autres choses qui sont dans le tout. Une place bien déterminée par la loi du tout, c'est-à-dire par l'«image archétype» (*Ur-bild*) qui est le motif de la structure du tout.

---

[33] USENER, *Götternamen. Versuch einer Lehre von der religiösen Begriffsbildung.* Berlin, 1896, p. 192: cité par Cassirer, *PFS*, II, p. 135/132.

[34] *PFS*, II, p. 128/124.

[35] Cette *Ur-sache* se manifeste comme le totem de la tribu: «Ce qui unit les mythes entre eux, c'est partout une parenté mythologique et totémique directement ressentie et qui relie tout l'existant» (*Trois essais sur le symbolique*, p. 62/23).

[36] *Ibid.*, p. 110/105.

[37] *Ibid.*, p. 119/115.

On voit que l'espace mythique «s'avère être un espace totalement *structural* (*Strukturraum*). Le tout ne naît pas des éléments, il ne *devient* pas en se développant génétiquement selon une règle précise»[38]. On trouve que l'espace possède la même structure mythique de l'image totémique de la vie, et qu'en chaque partie de cet espace toute cette structure se trouve répétée encore une fois, et ainsi à l'infini.

> La totalité du monde de l'espace et, avec lui, du cosmos en général, apparaît construite selon un certain *modèle* qui peut se présenter à nous tantôt à une échelle agrandie et tantôt à une échelle réduite, mais qui reste, dans le maximum comme le minimum, toujours identique[39].

De la même façon que notre corps n'est rien d'autre que l'expression spatiale à trois dimensions de notre structure A.D.N., ainsi notre monde n'est rien d'autre qu'une «projection spatiale de [notre] vision totémique globale»[40]. Ainsi, on trouve la structure du cosmos entier reflétée dans la structure de chaque cité, de chaque maison, de chaque jardin, de chaque salle à manger. Notre place dans le cosmos, comme notre place à table, sont déterminées par l'endroit de notre naissance. Et en fait, «la vie entière d'un homme [...] est déjà contenue et enfermée, dès son début, dans la constellation du ciel à l'heure de sa naissance»[41].

La temporalité du La temporalité du monde mythique
monde mythique s'éprouve dans la chair plutôt que dans un cadre abstrait dans lequel les choses se passent. «La 'sensibilité' archaïque du mythe pour les 'phases' ne peut saisir le temps autrement que dans l'image de la vie»[42]. Tout ce

---

[38] *Ibid.*, p. 115/110.
[39] *Ibid.*, p. 115/111.
[40] *Ibid.*, p. 113/109.
[41] *Ibid.*, p. 115/111.
[42] *Ibid.*, pp. 138 sq./136.

qui *est* dans le temps est compris comme une forme de vie.
«Le temps mythique est donc toujours pensé à la fois comme
le temps des processus naturels et le temps des processus
vitaux de l'homme: c'est un temps cosmologique et biologique»[43]. Ce «temps *biologique*» se manifeste dans une sensibilité à la pulsion rythmique de la vie. Encore une fois, on
voit que tout commence par la présence du *templum* comme
l'image archétype du tout. «Le latin *tempus*, qui correspond
au grec τέμενος et τέμπος (maintenu au pluriel: τέμπεα) est
né du terme et de l'idée de *templum*»[44]. Donc, ici aussi, il s'agit
de la répétition d'une certaine «*Gestalt* temporelle»[45] qui est
ponctuée par un certain nombre de temps sacrés, par exemple,
les jours sacrés, les époques de fêtes, etc., qui «interrompent
le déroulement uniforme des événements et introduisent en
lui certaines lignes de partage»[46]. La vie entière de l'homme
est con*sacré*e à l'anticipation, à la préparation et à la réalisation d'une série de périodes sacrées qui forment un système
de scènes dans le déroulement d'une seule histoire de
l'événement du sacré. Tout est comme il a été prédit dès le
début. Bien que la conscience mythique ne puisse vivre que
dans le présent, dans l'immédiat, ici et maintenant, elle reste
néanmoins dominée par le passé. Le présent est chargé du
passé. La raison d'être du présent est toujours reliée à une
institution ou à un événement situé au commencement du
monde qui ne peut pas recevoir une justification plus profonde, et de plus qui n'en a pas besoin, car «le passé quant
à lui n'a plus de 'pourquoi': il *est* le pourquoi des choses»[47].
Le passé mythique est un «passé absolu», dont l'effet s'éprouve
dans le présent comme le sens du présent. Tout ce qu'on

[43] *Ibid.*, p. 179/179.
[44] *Ibid.*, p. 135/131.
[45] *Ibid.*, p. 136/130.
[46] *Ibid.*
[47] *Ibid.*, p. 134/130.

appelle l'histoire, n'est rien d'autre qu'une répétition, ou mieux, une remémoration perpétuelle et en même temps une participation perpétuelle de ce qui a été prévu depuis le début.

Les nombres sacrés   Le troisième motif formel de la détermination du monde mythique est le *nombre*. Toutefois, dans son expression du nombre, la conscience mythique se trouve au seuil d'une forme nouvelle de l'esprit — dans l'esprit mythique, le nombre est «le véhicule d'une *interprétation* spécifiquement religieuse»[48]. Car le processus d'attribuer un nombre à quelque chose met en relief la contradiction inhérente à toute conscience mythique. C'est que, d'une part, conformément à son caractère essentiel, toute ressemblance est réduite à une identité. Tout ce qui possède le même nombre est essentiellement le «même», et des différences entre les objets ne sont que les différences de leur apparence extérieure[49]. Mais d'autre part, en reconnaissant que le nombre d'une chose est la «vérité» de cette chose au-delà de son «apparence», le mythe s'est coupé de sa nature fondamentale. Car maintenant quelque chose qui est présent est mesuré par quelque chose qui n'est pas présent.

Encore une fois, on voit qu'il n'y a pas de différence entre le monde humain et la nature ou la vie. Les nombres mythiques sont éprouvés plutôt que pensés. Ici aussi, chaque nombre possède un caractère sacré spécifique qui reflète sa place dans le tout comme une expression du tout. Il y a seulement quelques «nombres élémentaires». Considérons les plus importants d'entre eux:

> Pour «un», «deux» et «trois», on trouvera des exemples d'hypostase, non seulement dans la pensée des primitifs, mais dans toutes les grandes religions culturelles. Le problème de l'unité (*Einheit*)

---

[48] *Ibid.*, p. 174/173.
[49] Cf. *ibid.*, p. 173/172.

[qui est représentée par le nombre un] qui sort d'elle-même, qui devient «autre» et se dédouble [ce qui est représenté par le nombre deux], pour finalement se réconcilier avec elle-même dans une troisième nature [qui est représentée par le nombre trois], ce problème appartient au véritable fonds commun de l'esprit humain[50].

Que la réalité soit trinitaire, rien ne peut être plus évident pour l'esprit occidental. L'histoire de l'esprit, sinon de l'être, est pour Cassirer, comme pour Hegel, une histoire par laquelle l'esprit devient conscience de soi. Tout commence lorsque ce qui est en-soi (*an-sich*) se différencie lui-même et devient autre, un objet pour lui-même (*für-sich*), enfin se reconnaître lui-même dans et par l'altérité de sa propre différence à lui-même et ainsi devient la conscience de soi, c'est-à-dire, quelque chose d'*an-und-für-sich*.

Cependant, le nombre quatre est aussi un «vrai nombre sacré, car il exprime précisément cette cohérence qui unit chaque être particulier à la forme fondamentale de l'univers»[51]. À l'intérieur du monde mythique, et en fait de tout être aussi bien terrestre que céleste, humain que divin, tout est organisé selon une structure «quadripartite» (*vierfältig*). L'espace entre la terre et le ciel est divisé en quatre directions cardinales, à savoir le nord, le sud, l'est et l'ouest; à chacune de ces directions correspond un des quatre éléments à partir desquels tout est composé et une des quatre saisons: «au nord appartient l'air, au sud le feu, à l'est la mer, à l'ouest l'eau; le nord est la partie de l'hiver, le sud celle de l'été, l'est celle de l'automne et l'ouest celle du printemps»[52].

Il n'est pas nécessaire d'entrer ici dans tous les détails anthropologiques, néanmoins, on peut poser la question de

[50] *Ibid.*, p. 175/177.
[51] *Ibid.*, p. 177/177.
[52] *Ibid.*, p. 113/108: voir aussi *Trois essais sur le symbolique*, pp. 65 sq./ 26 sq.

savoir si cette similarité de structure n'est pas plutôt une coïncidence accidentelle du contenu. D'après Cassirer, ce n'est pas le cas:

> Le fait que de tels systèmes soient répandus sur toute la terre prouverait plutôt que nous avons affaire ici, non pas à un rameau, à une tendance particulière de la pensée mythique, mais à une de ses intuitions fondamentales. Un tel système ne constitue pas un simple contenu de cette conscience, mais un des facteurs qui en déterminent l'orientation[53].

Ce ne peut pas être alors par hasard que le «culte du nombre quatre s'exprime dans le culte de la croix, qu'on a prouvé être un des plus anciens symboles religieux»[54]. La croix du *templum* donne au monde sa forme la plus primordiale[55].

Le sujet mythique   On peut se demander de quelle façon le mode de la conscience animale diffère de ce mode de la conscience qui caractérise la conscience mythique. En un sens, il n'y a pas de différence, et cela se voit par le fait que Cassirer utilise souvent le terme «expression» dans le contexte de la conscience animale, et inversement le terme «biologique» dans le contexte de la conscience mythique[56]. Bien que le mouvement du monde animal au monde humain implique la transition du «cercle de l'action» au «cercle de la vision», le monde mythique reste intrinsèquement un monde de l'action. «L'animal *exécute* ces actions, mais il ne peut pas les situer comme 'opposées' à lui et ne peut pas les voir 'objectivement', ni individuellement ni dans leur totalité»[57], tandis

(53) *Ibid.*, pp. 113 sq./109 n. 1.

(54) *Ibid.*, p. 178/177.

(55) Voir ci-dessus p. .

(56) *PFS*, III, pp. 87 sq.; voir aussi *Logique des sciences de la culture*, p. 135/51.

(57) *ECN*, I, p. 74.

que l'homme pense objectivement ses actions — l'homme, mais non l'homme mythique. La conscience mythique met l'accent sur l'exécution d'une action, et non sur la contemplation de la nature de l'action comme telle. Le sujet mythique est, comme le dit Lacan, «moins sujet qu'assujetti» — assujetti à la case vide, c'est-à-dire à la présence du sacré[58]. Où se trouve alors la différence entre l'animal et l'homme? Dans toutes ses actions, l'animal n'est rien d'autre qu'une expression concrète de son espèce. Il voit le monde et réagit à ce monde de la façon typique de son espèce, selon le programme qui est inscrit dans sa chair. Certes, chaque animal possède aussi un certain sentiment de soi, mais ce sentiment ne peut être compris en termes d'un «moi». Chaque animal est un peu différent de tous les autres, mais les différences dans leurs natures sont accidentelles et de peu d'importance. Son «moi» est toujours *le* «moi», la volonté de son espèce. L'animal ne peut pas transcender l'être-dans-le-monde de son espèce, et pour cette raison ne peut jamais devenir conscient de lui-même. En effet, la conscience devient conscience de soi au moment où non seulement elle devient un objet pour elle-même, mais où elle se reconnaît elle-même dans cette objectivité. Car c'est seulement à cet instant que le tout est dans la partie, et que la partie est dans le tout: car c'est seulement à ce moment-là que se met devant la conscience une présence qui non seulement représente l'expression concrète de l'unité de la conscience, mais qui est aussi conscience de soi. «Cette conscience est une conscience des objets dans la mesure où elle est conscience de soi — et elle est conscience de soi seulement dans et par le fait qu'elle est une conscience des objets»[59]. C'est seulement pour autant que la conscience reconnaît l'altérité de l'objet devant elle, qu'elle est bien placée pour devenir conscience de soi à travers l'altérité de sa différence avec elle-même.

[58] Voir ci-dessus p. 33.
[59] *ECN*, I, p. 64.

Cassirer distingue entre une «conscience culturelle» (*Kulturbewußtsein*), d'une part, et une «conscience individuelle» (*Individualbewußtsein*), d'autre part[60]. Or, au niveau de la conscience mythique, la conscience de soi de l'individu n'est pas encore différenciée de sa conscience culturelle, c'est-à-dire que «le *sentiment de soi*» (*Selbstgefühl*) est toujours fusionné avec un certain «*sentiment de communauté*» (*Gemeinschaftsgefühl*): «Le moi ne se sent et ne se sait lui-même qu'à la condition de se saisir comme membre d'une communauté et de se voir agrégé avec d'autres à l'unité d'un clan, d'une tribu ou d'un groupe social»[61]. Et parce qu'il n'y a pas de distinction entre la nature et la culture humaine, l'individu se sent et se connaît aussi comme membre de l'Absolu:

> Rendre effective cette unité, la réconciliation qui restitue le sujet et sa conscience de soi, ainsi que le sentiment positif de participer à cet Absolu et l'unité avec lui, supprimer et dépasser ainsi la division, constitue la sphère du culte[62].

Le totem, la *Ur-sache*, fonctionne comme la présence concrète de la loi universelle qui détermine l'unité des membres de la tribu. Par la loi du totem sont déterminés la place et le rôle de la tribu dans le monde, et aussi de chacun des membres dans la tribu. Ainsi, l'hétérogénéité de leurs différences particulières est surmontée et une unité organique est formée à la fois entre les membres de la tribu, et entre la tribu et l'Absolu. Chaque membre de la tribu est une expression de la loi du totem. À cet égard, il n'est pas «semblable» aux autres membres, mais «identique» à eux: c'est-à-dire qu'il possède une «unité de direction» qui le définit. La conscience mythique est un processus d'identification par lequel j'assume ma propre identité en actualisant cette position qui m'a été

[60] *PFS*, III, p. 108/105.
[61] *PFS*, II, p. 207/209.
[62] HEGEL, *Vorlesungen über die Philosophie der Religion, Werke*, 15, p. 67, trad. p. 64: cité par Cassirer, *PFS*, II, p. 258/263.

assignée par la loi de ma tribu au moment de ma naissance, et même avant. Cette place dans le tout, cette position dans la société, est tout ce que je suis; au-delà de cette identification, je ne suis rien. On voit que «la naissance est donc toujours regardée comme une sorte de réincarnation»[63]. Ce qui est réincarné à la naissance est le totem qui constitue la vraie identité entre l'individu et sa tribu, et entre la tribu et la vie. Donc, l'homme mythique «se connaît comme un maillon de la chaîne de la vie en général, à l'intérieur de laquelle chaque existence particulière est rattachée magiquement à la totalité, de sorte qu'il apparaît non seulement possible, mais nécessaire, comme une forme 'naturelle' de la vie même, de passer par une mutation continue d'un être à un autre»[64].

Mais cette identification ne doit pas être comprise comme une identification générale. Car l'identification entre la tribu et la vie, ainsi que celle entre l'individu et sa tribu, passe toujours par un totem spécifique. Chaque tribu possède son propre totem, et à l'intérieur de la tribu, chaque subdivision dans les différentes classes des activités (les guerriers, les chasseurs, les cultivateurs, etc.) aura son propre totem. Et on peut même dire que chaque individu a son propre totem. Chacun a alors son propre totem, sa propre *Ur-sache* qui détermine sa propre identité. Mais, dans chaque cas, la *Ur-sache* elle-même n'est rien d'autre qu'une *place* dans une structure globale de signification.

> On se rend compte à quel point cette division est conditionnée par une tendance générale de la «pensée structurelle» (*strukturales Denken*) du mythe lorsque, dans cette perspective, on compare les systèmes totémiques avec des processus mythiques de formation des classes, pourtant très différents par le *contenu*,

[63] *MS*, p. 39.
[64] *PFS*, II, p. 229/233.

en particulier les systèmes de l'*astrologie*. Ici aussi on détermine les «genres» de l'être, c'est-à-dire la coordination de tous ses éléments particuliers entre eux, en distinguant tout d'abord certains domaines d'*efficace magique*, à la tête duquel règne une des planètes. Le principe mythique du σύμπνοια πάντα («Tout est animé d'un même souffle») subit donc une différenciation: n'importe quel élément de l'être ne peut agir immédiatement sur n'importe quel autre. Cet élément n'agit directement que sur ce qui lui est essentiellement apparenté, c'est-à-dire ce qui se trouve à l'intérieur d'une même «chaîne» astrologique et magique de choses et d'événements[65].

Les lignes de signification sont, pour l'esprit intellectuel, complètement arbitraires, voire absurdes. Dans l'exemple donné par Cassirer, on trouve la planète Mars liée à l'extraction des dents, à la narine droite, au verre, au rouge, etc. La logique? Il ne faut pas la chercher. Ce qui est important, c'est que tous ces éléments arbitraires sont formés en un réseau de significations qui, une fois établi, est réel et absolu.

La logique d'identification n'est pas toujours facile à suivre. La question est de savoir si la tribu ou l'individu a choisi son totem en fonction de son propre caractère ou plutôt a développé son caractère en fonction du choix de son totem. Cassirer reconnaît que «la parenté entre le clan lui-même et son animal totem est si étroite qu'on ne peut décider si tel clan particulier a choisi tel animal totem en fonction de sa propre nature ou si plutôt il ne s'est formé et constitué lui-même d'après le caractère de cet animal»[66]. En fait, on peut dire que c'est les deux. Cassirer continue: «Tout se passe comme si le clan particulier avait l'intuition objective de lui-même dans son animal totem, et comme s'il reconnaissait en lui son essence, sa qualité propre, l'orientation fondamentale de son activité»[67].

[65] *Ibid.*, pp. 220 sq./223 n. 1.
[66] *Ibid.*, p. 220/222.
[67] *Ibid.*

La reconnaissance du mythe est, il faut se le rappeler, une méconnaissance de l'image pour la chose. Ce que la connaissance mythique reconnaît dans le totem est, en dernière analyse, sa propre activité en tant qu'être spirituel. Mais, étant donné que cette reconnaissance est fondamentalement une méconnaissance, le sujet tient l'image du totem pour sa propre image et se forme selon elle. Et cette image peut fonctionner comme une «image archétype» (*Ur-bild*) seulement dans la mesure où elle est prise par la tribu comme une image de la vie.

La loi du tabou L'obéissance à la loi de la *Ur-sache* doit être absolue. Aucune transgression ne peut être tolérée. Parce qu'il n'y a pas de démarcation claire entre la nature et la culture, que la loi de la *Ur-sache* est regardée comme la loi de la vie, tout écart par rapport à cette loi aboutit à la destruction de l'ordre naturel de la vie: «la conservation de la vie humaine, et même de l'existence du monde, dépend de l'exécution correcte des rites»[68]. Le tabou protège le système des rituels par la peur, la peur de la fin du monde, la crainte de la mort. Tout aspect de la vie sociale est réglé, voire régenté, par les rituels et les tabous. Ainsi, «ce qui a semblé délivrer l'esprit des entraves des choses devient maintenant pour lui une nouvelle entrave, d'autant plus infrangible qu'elle exerce sur lui une violence de nature spirituelle et non plus simplement physique»[69]. Cependant, «le système des tabous menace de faire de la vie de l'homme un fardeau qui deviendrait finalement insupportable. L'existence entière, physique et morale, de l'homme est étouffée sous la pression continuelle de ce système»[70]. Cela va provoquer une transformation à

---

[68] *Ibid.*, p. 61/51 sq.
[69] *Ibid.*, p. 42/32.
[70] *Essay*, p. 108.

l'intérieur de l'esprit, car au cœur de la conscience mythique
se trouve «la condition immanente de son dépassement futur:
elle renferme la possibilité d'une libération de l'esprit qui
s'accomplit effectivement lorsqu'on passe du stade de la vision
magique et *mythique* du monde à celui de la vision authentiquement *religieuse*»[71].

(71) *PFS*, II, p. 42/32.

La religion comme Dans le contexte de la philosophie des
forme symbolique formes symboliques, la «religion» doit
être comprise exclusivement comme une forme symbolique,
et plus précisément, dans les termes de sa fonction à l'intérieur de la structure de la culture. Dès lors, il ne s'agit pas
d'une analyse du contenu ou de la doctrine d'une manifestation historique particulière, mais plutôt d'une détermination de la structure universelle de la religion. Notre tâche
est pourtant rendue difficile par la nature spécifique de la
religion. Car pour autant que la religion est concernée par
la révélation de *la* vérité, et qu'il n'y a qu'une seule vérité, il
semblerait qu'il ne peut y avoir qu'une seule religion. La
vérité de la signification religieuse est, par sa propre nature,
absolue et unique, et donc exclusive — toutes les autres religions sont par définition dénoncées comme des superstitions
primitives ou considérées comme des étapes préparatoires
dans le développement de l'unique vraie religion. Cependant, toute tentative pour développer une philosophie de la
religion doit tâcher de saisir la structure universelle de la religion qui se manifeste dans les diverses religions historiques.
Ici, il faut que nous nous limitions à éclairer la théorie cassirerienne de la religion en tant que forme symbolique. Celle-
ci correspond-elle ou non à la réalité de l'expérience religieuse, cette question doit être laissée à la sensibilité religieuse
du lecteur. Telle est la seule approche adéquate, semble-t-il,
d'une philosophie de la religion.

La **differentia specifica** *de*   La religion réunit une dimen-
la religion   sion «théorique», d'une part, et
une dimension «pratique», d'autre part. «Elle contient une
cosmologie et une anthropologie; elle répond à la question
de l'origine du monde et de l'origine de la société humaine.
Et à partir de cette origine dérivent les devoirs et les obligations de l'homme»[1]. Tous ces différents éléments sont «fusionnés» dans une intuition fondamentale de l'ordre naturel des
choses et de la place de l'homme dans cet ordre, une intuition qui donne une expression objective à la foi religieuse en
la «sympathie du Tout»[2]. Toutefois, le mythe aussi nous
fournit une réponse à la question de l'origine du monde
et de l'origine de la société humaine; lui aussi fait découler
les devoirs et les obligations de l'homme de cette origine;
lui aussi est une expression de cette foi fondamentale en la
«sympathie du Tout». Tous les deux, mythe et religion, apparaissent donc comme une expression de la même connaissance
primordiale de «l'unité et de l'identité fondamentale de la
vie»[3], de l'idée intuitive que le tout se trouve dans chacune
de ses parties. En quoi consiste alors leur différence? La différence essentielle se trouve dans la nature concernant l'intuition de l'individualité de la conscience de l'individu. Dans
la conscience mythique, comme nous l'avons vu, l'intuition
de l'individualité de l'individu est fusionnée avec l'intuition
de l'universel, avec «l'unité et l'identité fondamentale de
la vie», tandis que dans la conscience religieuse, l'intuition
de l'individualité de l'individu transcende l'intuition de
«l'unité et [de] l'identité fondamentale de la vie» et donc
s'en distingue. Dans le mythe l'individu est compris exclusivement selon sa position dans le tout, c'est-à-dire comme

[1] *Essay*, p. 94.
[2] *Ibid.*, p. 95.
[3] *MS*, p. 37.

une expression de la loi structurale du tout, comme «un maillon de la chaîne de la vie en général»[4]. Ici, «le moi ne se sent et ne se connaît lui-même qu'à condition de se considérer comme membre d'une communauté» et «ce n'est que par et dans cette unité qu'il se possède lui-même; la vie et l'existence de sa personne sont liées dans chacune de leurs manifestations [...] à la vie du tout»[5]. La sympathie religieuse, par contre, «donne la possibilité de se manifester à un nouveau sentiment, celui de l'individualité»[6]. Le mouvement de «la vision *magique* et *mythique* du monde vers la vision authentiquement *religieuse*» implique «une libération de l'esprit»[7], ou, dans des termes plus hégéliens, la transition par laquelle «l'être de l'esprit» est saisi et exprimé non seulement comme une «substance», mais aussi comme un «sujet»[8]. Il implique la découverte de l'individualité de la conscience particulière, la découverte du vrai moi de l'individu distingué du tout. Il implique ainsi la transition du «*muthos*» à l'«*êthos*»[9]: car «la pensée de la responsabilité de soi confère désormais son moi authentique à l'homme»[10]. «Lorsque le regard s'élève de la vie à la pratique morale, de la sphère biologique à la sphère éthique, l'unité du moi prend enfin le pas sur la représentation matérielle ou semi-matérielle de l'âme»[11]. Et comme on le verra, la découverte du vrai moi implique la reconnaissance de l'altérité de l'autre, du toi, et particulièrement celle de l'altérité de l'Autre divin, «car le moi, le 'soi' propre de l'homme, ne peut se trouver que par

---

[4] *PFS*, II, p. 299/233.
[5] *Ibid.*, p. 207/209.
[6] *Essay*, p. 96.
[7] *PFS*, II, p. 42/32.
[8] *Ibid.*, p. 44/34.
[9] *Ibid.*, p. 199/200.
[10] *Ibid.*, p. 204/206.
[11] *Ibid.*, pp. 197 sq./198.

le détour du moi divin»[12], dans et par la reconnaissance d'une puissance qui transcende l'omnipotence du désir et de la pensée. La religion implique donc la reconnaissance, de la part de l'esprit, du réel au-delà de sa propre sphère de subjectivité. C'est le moment où l'esprit revient sur lui-même et supprime sa propre expression objective pour établir sa propre essence.

L'antinomie de la Dans l'opposition entre, d'une part, ***pensée religieuse*** l'intuition religieuse de l'unité et l'identité de la vie et la sympathie universelle du Tout, et, d'autre part, la connaissance de l'individualité déterminée d'une vie particulière, se trouve le «paradoxe» essentiel, sinon la contradiction, qui constitue l'essence de la conscience religieuse. Car le sentiment de «l'individualité» qui est ici postulé implique en même temps «une négation ou au moins une restriction de cette universalité du sentiment qui est postulée par la religion: *omnis determinatio est negatio*. Il signifie une existence finie — et tant que nous ne brisons pas la barrière de cette existence finie, nous ne pouvons pas saisir l'infini»[13]. Cette opposition irréconciliable, cette antinomie entre l'existence finie et temporelle de l'individu, d'un côté, et l'existence infinie et éternelle de l'Absolu, de l'autre, constitue le *terminus a quo* et le *terminus ad quem* de toute conscience religieuse. Dans le langage moral de la religion, il s'agit de ce que le christianisme, par exemple, comprend en termes de notre «péché originel», comme la «chute» inévitable de l'homme dans la finitude de la temporalité du monde, et de la «Rédemption» qui le sauve de son existence déchue. La religion raconte l'histoire de notre distanciation de la proximité immédiate de l'Absolu, qui entraîne notre

[12] *Ibid.*, p. 241/245.
[13] *Essay*, p. 96.

enveloppement dans ce mode inauthentique de l'étant-dans-le-monde qui est le nôtre, et de notre quête sacrée et éternelle pour retourner à cette proximité perdue, à ce paradis perdu qui jamais ne fut et qui ne sera jamais.

Le but de la religion   On aurait tort de supposer que la voie de la Rédemption préconisée par la religion va un jour nous délivrer des oppositions binaires de cette antinomie fondamentale de notre existence, ou même que c'est en fait son vrai but. Au contraire, le but de l'espoir religieux de la Rédemption n'est pas de résoudre l'antinomie fondamentale de notre existence, mais plutôt de la dévoiler, et par ce dévoilement, de constituer cette antinomie comme telle. C'est seulement dans la perspective de la Rédemption que le péché acquiert son sens; et inversement, c'est seulement grâce à la reconnaissance de la finitude radicale de notre être-dans-le-monde que notre reconnaissance du mystère de l'Absolu s'éveille, et que la Rédemption, comme le retour à la «proximité» de l'Absolu, acquiert son sens. La première fonction de la religion est de dévoiler l'impossibilité, voire l'absurdité, de l'existence humaine, une existence qui est située quelque part entre l'infini et le néant, entre l'Absolu et la finitude du monde[14]. La vérité de la nature de l'homme est que «l'homme n'a pas une 'nature' — n'a pas un être simple et homogène. Il est un étrange mélange d'être et de non-être. Sa place est entre les deux pôles»[15]. La religion

---

(14) Résumant la position de Pascal, Cassirer écrit: «Partout où l'homme, en effet, se présente à nos yeux, que voyons-nous? non un être complet, en harmonie avec soi-même, mais un être déchiré, divisé, lourd de contradictions. Ces contradictions sont les stigmates de la nature humaine. Dès qu'il veut comprendre sa position dans le monde, l'homme se voit placé entre l'infini et le néant, en présence des deux, impuissant à appartenir à l'un ou à l'autre». (*La philosophie des lumières*, p. 160)

(15) *Essay*, p. 11.

ne répond pas à la question de l'existence, elle l'éveille, et dans la mesure où elle nous éveille à cette question, elle nous éveille à nous-mêmes, car «comme l'être qui seul peut poser la question, l'homme est aussi l'être qui est, et en fait qui reste pour lui-même profondément problématique, l'être qui est toujours digne d'être interrogé»[16]. Le but du mythe du péché originel[17], en tant qu'histoire de notre chute de la proximité de l'Absolu, est de nous faire découvrir la vérité de notre être, de nous apprendre à voir notre existence pour ce qu'elle est: à savoir, déchue et mystérieuse — *nous qui voudrions tout savoir, ne connaissons encore rien de nous-mêmes.*

> Donc la religion ne fait pas semblant de clarifier le mystère de l'homme. Elle confirme et approfondit ce mystère. Le dieu dont elle parle est un *Deus absconditus*, un dieu caché. D'où même son image, l'homme, ne peut pas être autre que mystérieux. L'homme aussi reste un *homo absconditus*. La religion n'est pas une «théorie» de Dieu et de l'homme et de leur rapport mutuel. La seule réponse que nous recevons de la religion est que c'est la volonté de Dieu de se cacher lui-même. [...] La religion est par conséquent [...] une logique de l'absurdité; parce que c'est seulement ainsi qu'elle peut saisir l'absurdité, la contradiction interne, l'être chimérique de l'homme[18].

(16) « *'Geist' und 'Leben'*», p. 877/55.

(17) Que la «chute» de l'homme doive être comprise comme un mythe, et non comme un véritable événement historique, n'est pas, comme on pourrait le penser, sans soutien dans la tradition catholique. Une telle position a été soutenue par exemple par Érigène: cf. Steve G. LOFTS et Philipp W. ROSEMANN, «'Ai-je besoin ici d'évoquer les néo-platoniciens?'», in: S. G. LOFTS et P. MOYAERT (éds), *La pensée de Jacques Lacan: Questions historiques — Problèmes théoriques* (Bibliothèque Philosophique de Louvain, 39). Louvain-la-Neuve: Éditions de l'Institut supérieur de philosophie; Louvain/Paris: Éditions Peeters, 1994, pp. 118 sq.

(18) *Essay*, p. 12.

(19) *PFS*, II, p. 42/32.

La religion: *l'*Aufhebung   La religion se constitue dans et
du mythe et du réel   par la «relève» (*Aufhebung*) de
l'image mythique du monde[19] — c'est-à-dire simultanément
dans et par la néantisation et la préservation de la réalité de
la conscience mythique. On a vu que la conscience mythique
est complètement «homogène et indifférenciée», qu'elle
manque d'un sens de la «profondeur», et que par conséquent elle ne peut pas différencier «le 'fondement' (*Grund*)
du 'fondé' (*Begründetes*)»[20]. Ici, il n'y a aucune distinction entre
«l'idéal» et «le réel», entre «l'apparence» et «la vérité», entre
«la signification» et «l'existence», entre «l'image» comprise
comme une copie (*Abbild*) et «l'image» comprise comme
d'une image archétype (*Urbild*). L'image mythique est tellement tissée dans notre intuition immédiate de la réalité qu'il
est impossible de les distinguer. Et en fait, on a vu que l'image
mythique, dans la mesure où elle représente la présence immédiate et concrète de la signification spirituelle — et donc la
signification de la présence immédiate et concrète —, constitue la texture concrète du réel en tant que ce qui est «présent entièrement» (*volle Gegenwart*)[21].

> L'image mythique [...], lorsqu'elle commence à apparaître, n'est
> en aucune manière interprétée *comme* une image, comme une
> expression de l'esprit. Elle est au contraire à ce point incorporée
> à l'intuition du monde des choses, à la réalité et aux phénomènes
> «objectifs» qu'elle semble en être une partie intégrante[22].

De toute évidence, la connaissance mythique est construite
sur la base d'une «illusion» fondamentale, d'une méconnaissance profonde. Car elle méconnaît la présence matérielle de l'image, du signifiant, en la tenant pour la présence
concrète de la «chose» elle-même, du signifié. Bien qu'il soit

[20] *Ibid.*, p. 56/48.
[21] *PFS*, III, p. 83/79.
[22] *PFS*, II, p. 279/285.

vrai que, de la perspective de la connaissance analytique et
théorique, le monde mythique doive être reconnu comme
un monde «fictif, c'est une fiction inconsciente, et non une
fiction consciente»[23]. C'est cette méconnaissance, cette
«indifférence naïve» entre l'image et la chose et «l'immanence des deux» qui constitue paradoxalement «la condition immanente de son dépassement (*Aufhebung*) futur [vers]
une libération de l'esprit qui s'accomplit effectivement
lorsqu'on passe du stade de la vision *magique* et *mythique*
du monde à celui de la vision authentiquement *religieuse*»[24].
Car la religion est cette force ou vision spirituelle qui reconnaît «l'absurdité, la contradiction interne, l'être chimérique
de l'homme».

> C'est la religion qui effectue cette rupture, qui est étrangère
> au mythe en tant que tel: lorsqu'elle utilise des images sensibles
> et des signes, elle les *connaît* comme tels, c'est-à-dire comme
> des moyens d'expression qui, en révélant tel ou tel sens, res-
> tent nécessairement en recul par rapport à lui, «renvoient»
> à ce sens, sans jamais le saisir intégralement et sans jamais
> l'épuiser[25].

Cependant, dans la mesure où l'image mythique n'est pas
reconnue comme une simple image, dans la mesure où elle
n'est pas vue comme ce qui représente le réel, mais comme
le réel lui-même, la connaissance religieuse «ne peut entre-
prendre la critique de cet univers imaginaire sans y soumettre
en même temps l'existence réelle, étant donné précisément
qu'il n'y a pas encore dans le mythe de 'réalité' objective distincte, au sens que la connaissance théorique et analytique
donne à ce terme [...]»[26].

(23) *Essay*, p. 74.
(24) *PFS*, II, p. 42/32.
(25) *Ibid.*, p. 280/286.
(26) *Ibid.*

Une «logique de l'absurdité»? La conscience religieuse se constitue ainsi par la reconnaissance de l'opposition entre «la signification» et «l'existence», entre la *Ur-bild* et la *Ur-sache*, une opposition qui est étrangère au mythe en tant que tel. Mais, pourquoi Cassirer appelle-t-il la religion une «logique de l'absurdité»[27]? Si ce n'est pas encore clair, c'est peut-être parce qu'on accepte trop vite les distinctions de la religion comme données et évidentes en soi, et donc qu'on échoue à se rendre compte de l'immensité de la tâche qui est devant la conscience religieuse, et donc pourquoi la religion est une «logique de l'absurdité». Il ne suffit pas d'accepter comme données les distinctions introduites par l'attitude religieuse, il faut plutôt entrer dans le processus même par lequel le mythe est transformé en religion, et par lequel la religion lutte pour se libérer elle-même de ses fondations mythiques.

La transformation   D'une certaine perspective, la distinc-
«interne» du mythe   tion entre *Ur-bild* et *Ur-sache* existe
déjà à l'intérieur de la conscience mythique, bien que ce soit sous la forme d'une contradiction implicite. Ainsi la naissance de la religion représente le point où «la loi» qui gouverne la conscience mythique devient un *«problème»*[28], et force la conscience mythique à reconnaître sa propre manifestation comme «quelque chose d''extérieur' qui n'est pas parfaitement adéquat à sa propre volonté d'expression»[29]. Ce retour de la conscience mythique sur elle-même implique une transformation «de l'intérieur» non seulement de ses «*contenus*», mais aussi de sa *«forme interne»*[30]. L'altérité de son propre monde d'images, altérité que la conscience mythique refoule dans sa néantisation et sa transformation

[27] Voir ci-dessus p. 82.
[28] *Ibid.*, p. 275/281.
[29] *Ibid.*, p. 276/282.
[30] *Ibid.*, p. 275/281.

de toute différence en identité réelle et homogène, revient; et ce refoulement de la différence se produit, non en dépit de la force et de la direction de la conscience mythique, mais paradoxalement comme une expression de sa conclusion logique finale. Comme dans toutes les formes symboliques, une contradiction interne dans sa logique fournit le catalyseur pour le développement dynamique du mythe. Ainsi, comme c'est le cas avec toutes les formes symboliques, le mythe progresse à travers trois étapes de développement — à savoir les stades mimique, analogique et symbolique — vers son expression finale et complète[31]. Cependant, même dans l'étape finale de son développement où elle se tourne sur elle-même, la conscience mythique «reste encore à l'intérieur d'elle-même. Elle ne sort pas radicalement de son univers, elle n'admet pas un 'principe' totalement nouveau. C'est au contraire en complétant intégralement son propre univers qu'elle se rend compte qu'elle doit finalement le dépasser. Cet accomplissement qui est en même temps un dépassement résulte de l'attitude que le mythe adopte devant son propre *monde de l'image* (*Bildwelt*)»[32]. C'est-à-dire que, dans son stade symbolique et final, là où la conscience mythique doit reconnaître l'altérité de sa propre expression, cette reconnaissance amène l'esprit au seuil d'une forme nouvelle d'être spirituel, et cette nouvelle forme est la première étape mimique de la conscience religieuse.

«L'idolâtrie»: une critique de Bien que la connaissance
la méconnaissance du mythe mythique se révèle être un
instrument de son propre dépassement, c'est néanmoins l'attitude religieuse comme telle qui doit introduire dans la

(31) Cf. *ibid.*, pp. 277 sq./284.
(32) *Ibid.*, p. 276/282.
(33) *Ibid.*, p. 282/288.

conscience mythique «une tension nouvelle qui lui est étrangère, une opposition qu'elle ne connaît pas en tant que telle,
qu'elle n'appréhende pas, et qui la détruit et l'anéantit de
l'intérieur»[33]. Elle doit dévoiler l'image mythique pour ce
qu'elle est, une simple image. Elle doit dévoiler la présence
effective du dieu mythique comme une simple représentation,
une «image fondue», une «idole» qui est en elle-même vide
de sens.

> Ne les [les idoles] craignez pas, proclame Jérémie, elles ne font
> point de mal; mais le bien n'est pas non plus en leur pouvoir.
> [...] Car ces images ne sont que mensonge et il n'y a pas de
> souffle en elles, elles sont vanité, ouvrage de tromperie [...][34].

Comme le montre ce passage du dixième chapitre du
livre de Jérémie, l'«idole» (c'est-à-dire, l'image mythique du
monde) est une expression de «vanité» (c'est-à-dire une
expression du rapport narcissique entre l'esprit et sa propre
image) et un «ouvrage de tromperie» (c'est-à-dire un résultat de la méconnaissance de l'esprit dans la mesure où il
prend sa propre image pour le réel). La conscience religieuse
tâche de surmonter ce rapport narcissique de méconnaissance, en le dévoilant comme une «idolâtrie». «L'interdiction
de l'idolâtrie» est donc le facteur constitutif de toute connaissance religieuse[35].

«L'interdiction de l'idolâtrie»   Toutefois, il ne faut pas
est une **petitio principii**   oublier que dans la perspective de la conscience mythique, l'image n'est jamais vue
comme une image, et subséquemment «prise» pour un dieu,
mais elle est toujours éprouvée comme la présence immédiate et concrète du dieu lui-même: ici, la *Ur-bild* est la

(34) *Jérémie* 10: 3 sq. Cité par Cassirer, *PFS*, II, p. 286/292.
(35) *PFS*, II, p. 281/287.

Ur-sache, le mot est le dieu[36]. Ainsi l'introduction dans la connaissance de l'esprit de la différence entre la *Ur-bild* et la *Ur-sache*, entre l'image archétype et le réel, représente une véritable «crise» à l'intérieur de l'esprit.

> Tout se passe comme si, d'un seul coup, s'ouvrait un abîme que la conscience mythique irréfléchie et «naïve» ne connaîtrait pas. L'univers imaginaire (*Vorstellungswelt*) du polythéisme — la vision «païenne» — que les prophètes combattent n'est donc pas coupable, à proprement parler, d'adorer une simple «image» du divin, dans la mesure où il ne connaît absolument pas la différence entre l'«archétype» (*Urbild*) et l'«image» (*Abbild*). Cet univers croit encore posséder, dans les images qu'il se donne du divin, le divin lui-même, précisément parce qu'il les considère, non pas comme de *simples* signes, mais comme des révélations sensibles et concrètes[37].

Le point essentiel ici n'est pas le mouvement du polythéisme au monothéisme. Celui-ci a certes une énorme importance dans le développement de la conscience religieuse, mais il n'est pas ce qui détermine la structure même de la pensée religieuse comme telle. Ce qui caractérise plutôt la conscience religieuse, c'est une attitude nouvelle à l'égard de ce qui est donné immédiatement et concrètement à la conscience, et la nature de la signification qui est représentée par cette présence. Puisque la conscience mythique ne distingue pas entre les moyens de la représentation et la signification de la représentation, entre le signifiant et le signifié, ce qu'elle voit est perçu par elle comme la «texture» concrète de la présence immédiate du réel lui-même. L'attitude religieuse s'engage à critiquer cette texture, à démontrer que ce que nous avons tenu pour le réel n'est plus qu'une image, un effet du réel.

(36) Cf. *ibid.*, p. 278/285.
(37) *Ibid.*, p. 281/287.

La «texture» du réel   Par «texture», il faut entendre ici cette qualité insaisissable de résistance, ou de présence effective (ou même *a*ffective), qui annonce à la conscience, de l'intérieur, la présence d'une existence qui est autre qu'elle et donc qui la transcende, et dans et par laquelle la conscience, dans la mesure où la conscience est toujours une «connaissance de», est constituée. La présence effective représente le retour de la conscience à elle-même en passant par la rencontre d'une limite ou d'une barrière. Cette «altérité» est perçue comme un effet et donne à la conscience son caractère de connaissance. Et en fait, même une connaissance de la conscience par elle-même se produit nécessairement en passant par cette altérité. C'est-à-dire que la conscience ne peut jamais se connaître directement, sans la médiation de cette altérité, ou dans son état pur. Cependant, l'effet n'est pas ce qui est réellement autre, mais seulement l'altérité de la différence de la conscience d'avec elle-même, différence qui représente la présence de l'autre à la conscience, et constitue ainsi la conscience comme telle. Dans la mesure où la conscience méconnaît la présence effective pour la présence authentique de l'autre, il s'agit de cette dimension de l'esprit que nous avons appelée la connaissance mythique. Encore une fois, le monde mythique est la «sphère d'*effectivité*» (*die Sphäre der Wirksamkeit*)[38] où «être réel» (*wirklich sein*) est «être effectif» (*wirksam sein*). La conscience prend sa propre différence d'avec elle-même ou, si l'on peut me permettre l'expression, sa propre auto-effectivité, comme ce qui est vraiment autre, comme ce qui est reconnu être le réel.

La conscience mythique ne conclut pas du phénomène (*Erscheinung*) à l'essence: en lui on *a* et possède l'essence, qui ne se retire pas derrière le phénomène mais surgit en lui, ne se déguise pas en lui mais s'approprie en lui. Tout phénomène occasionnel y exhibe un caractère de présence authentique (*echte Präsenz*) et non de simple représentation substitutive: chaque étant réel s'y dresse en pleine *présence* (*Gegenwart*) au lieu de ne se «re-présenter» que par la médiation du phénomène (*ein Seinendes und Wirkliches steht in ihm in voller Gegenwart da, statt sich nur mittelbar durch dasselbe zu «vergegenwärtigen»*)[39].

La conscience mythique est cette dimension de la connaissance qui résulte de la présence immédiate et concrète de la texture de la conscience, et pour cette raison l'accusation d'idolâtrie contre le mythe se révèle être une sorte de «*petitio principii*» parce qu'elle lui attribue «une conception qui lui est étrangère et que seules la nouvelle appréhension du divin et la nouvelle perspective dans laquelle cette vision est placée ont pu introduire»[40].

La religion comme la relecture De la même façon que ***(relegere*) *de la texture du réel*** lorsqu'on lit un texte, la lettre matérielle de ce texte n'est plus prise comme la simple présence d'un dessin sensible, mais plutôt comme un signe qui possède une signification qui la transcende, l'attitude religieuse prend cette présence effective, ou cette *texture* de la conscience, et la transforme en un «moyen d'expression» qui représente quelque chose au-delà d'elle-même. Ce que la conscience a pris pour le réel est reconnu être seulement une «manifestation» de sa propre présence effective à elle-même, une objectivation subjective de ce qui est autre — ce qui est vraiment réel se trouve au-delà de celle-ci. La présence effective de ce qui est présent à la conscience n'est plus prise comme la texture du réel lui-même, comme ce qui est autre, mais elle est maintenant prise comme, pour ainsi dire, la *text*ure du réel, comme ce qui représente concrètement la

---

(39) *PFS*, III, p. 83/79.
(40) *PFS*, II, p. 281/287.

présence du réel — le réel étant compris maintenant en termes de l'*Ur-sache*, de la cause ou la chose originelle, comme le fondement qui fonde la présence effective. Le réel est maintenant vu comme étant autre que sa présence concrète et immédiate. La conscience religieuse transforme le «réel» du mythe en un signe, en un texte, qui révèle un sens déterminé, qui «'renvoie' à ce sens, sans jamais le saisir intégralement et sans jamais l'épuiser»[41].

> [...] la réalité immédiatement donnée des «choses» se transforme, dans la conception religieuse, en un monde de «signes». La perspective spécifiquement religieuse se définit même par ce renversement. Tout élément physique et matériel, n'importe quel être, n'importe quel phénomène devient désormais une métaphore, c'est-à-dire l'expression concrète et imagée d'un élément spirituel. L'indifférence naïve de la «chose» et de l'«image», leur immanence, telle qu'on la trouve dans la pensée mythique, commence désormais à vaciller: à sa place s'affine et se précise de plus en plus cette forme de la «transcendance» qui exprime, sous une formulation ontologique, la nouvelle rupture dont la *conscience* religieuse vient de faire en elle-même l'expérience. Désormais, aucune chose, aucun événement ne se contente de ne signifier purement et simplement que lui-même: tout renvoie à «quelque chose d'autre (*Anderes*)», un «au-delà» (*Jenseitiges*)[42].

D'où, par exemple, pour une mystique chrétienne comme celle de Maître Eckhart, toute réalité devient un texte, «toutes les créatures ne sont rien d'autre qu'un 'parler de Dieu', ici la création tout entière, tous les phénomènes, naturels autant que spirituels et historiques, deviennent le *discours* (*Rede*) continu du créateur à la créature par la créature (*an die Kreatur durch die Kreatur*)»[43]. Il s'agit donc d'une transformation

---

(41) *Ibid.*, p. 280/286.
(42) *Ibid.*, p. 295/301.
(43) *Ibid.*, p. 296/301.

religieuse de la texture du réel en un «*hiéro*glyphe», une «image *sacrée*»[44] qui est, à la fois, un dévoilement et un voilement de la signification du réel dans et par sa présence concrète qui forme la *text*ure du réel; il s'agit de reconnaître l'esprit du texte dans et par une «attention scrupuleuse» (*religio*) à sa lettre matérielle, il s'agit, en d'autres mots, d'une interprétation ou «re-lecture» (*re-legere*)[45].

La nécessité du texte   La manifestation la plus pure de la conscience religieuse se trouve dans le «mysticisme» et dans la «méthode de 'la théologie négative'»[46]. C'est «*la mystique* (*die Mystik*) qui entreprend d'accéder à la signification religieuse pure, indépendamment de tout lien avec l''altérité' (*Andersheit*) de l'existence empirique et de l'univers des images et des représentations sensibles»[47]. À cause du processus d'interprétation religieuse, le monde mythique «s'évanouit peu à peu dans le néant»[48]. Toutefois, la conscience religieuse ne peut jamais se libérer elle-même complètement de la présence du mythe sans, en même temps, détruire le fondement

---

[44]   *Ibid.*, p. 297/302. L'idée de voir l'image mythique comme un «hiéroglyphe» que la conscience religieuse doit interpréter vient de Cassirer lui-même. Dans le contexte d'une discussion du travail de Vico sur le mythe et la religion, Cassirer nous dit: «Il [Vico] fait les premiers pas vers un déchiffrement de ce langage [le langage du mythe] ; il se forge une méthode grâce à laquelle les 'images sacrées', les hiéroglyphes du mythe, commencent à devenir lisibles» (*Le problème de la connaissance*, vol. IV, p. 376).

[45]   Cf. *Dictionnaire de Théologie Catholique*, vol. 13, 1937, cols. 2182 sq. La connection entre *religio* et *relectio* est souvent faite par les auteurs scolastiques ; cf., par exemple, Thomas d'Aquin, *Summa theologiae*, II^a II^ae, qu. 81, art. 1, c: «Religion viendrait donc de 'relire', ce qui relève du culture divine» — *religio videtur dicta a relegendo ea quae sunt divini cultus.*

[46]   *PFS*, II, p. 292/298.

[47]   *Ibid.*, p. 291/298.

[48]   *Ibid.*, p. 287/293.

même de son propre mode de conscience. C'est pourquoi l'histoire de la religion est une histoire «de liaison et de dissolution»[49], qui ne possède aucune Rédemption ou délivrance de la force de l'image mythique. «La religion, en raison de son essence, ne peut jamais quitter la sphère de l''image', la sphère de l'intuition et de l'imagination. C'est d'elles qu'elle tire sa force proprement dite; elle se dessécherait et dépérirait si elle ne se nourrissait sans cesse de ce terreau»[50]. Ainsi, l'histoire de la religion montre que la conscience religieuse «reste indissolublement liée aux éléments mythiques et en est pénétrée»[51].

> La conscience religieuse reste caractérisée par le fait qu'elle ne peut jamais apaiser le conflit qui oppose le contenu de pure signification qu'elle appréhende en elle-même et l'expression métaphorique de ce contenu. Ce conflit ne cesse au contraire jamais de réapparaître à tous les moments de son évolution. Elle ne cesse de chercher à réconcilier ces deux extrêmes sans jamais y parvenir vraiment. Cet effort pour dépasser le monde mythique des images, et l'attachement indissoluble qui enchaîne cependant la religion à ce monde, constituent un facteur essentiel du processus religieux lui-même. Même la plus haute sublimation (*Sublimierung*) spirituelle dont puisse faire l'objet la religion ne fait pas disparaître cette opposition: elle ne sert qu'à la rendre plus nettement connaissable et à la *comprendre* dans sa nécessité immanente[52].

Le dogme comme idolâtrie Il faut veiller à ne pas être trompé par l'idée que c'est la «matérialité» de l'image mythique que la critique religieuse vise plutôt qu'une certaine attitude envers la présence «matérielle», une forme de connaissance

---

[49] *Ibid.*, p. 43/33.
[50] *Le problème de la connaissance*, vol. IV, p. 375/299.
[51] *Essay*, p. 87.
[52] *PFS*, II, p. 294/300 sq.

qui est en fait une méconnaissance. La «théologie négative»
doit être comprise comme une «négation de la théologie»,
et plus spécifiquement, comme une négation du dogme
historiquement contingent d'une théologie. Par «dogme»,
Cassirer entend «la forme que prend une signification religieuse pure quand on essaie de l'exprimer par le contenu
d'un être ou d'une représentation (*Vorstellungs- und Seinsge-
halt*)»[53]. Dans la perspective de l'attitude religieuse pure, le
«dogme» de la pensée religieuse est autant une idole que l'est
la figure sensible du «veau d'or».

> La mystique écarte du contenu de la foi les éléments historiques
> autant que les éléments mythiques. Elle s'efforce de dépasser le
> dogme parce que, dans le dogme aussi, même s'il se présente sous
> une forme parfaitement intellectuelle, règne encore le moment
> de l'imaginaire. Car chaque dogme isole et délimite: il essaie de
> transformer ce qui n'a de sens et n'est intelligible que dans la
> dynamique de la vie religieuse, en lui donnant les détermina-
> tions de la *représentation* et de ses «productions» stables. Le
> dogme et l'image, dans la perspective de la mystique, l'expres-
> sion «concrète» et l'expression «abstraite» du religieux, sont
> donc mis sur un même plan[54].

Une «religion mixte» Cependant la mystique doit, en
même temps, «parler non seulement le langage de Dieu,
mais aussi le langage de l'homme». En d'autres mots, la
théologie négative de la mystique exige comme moyens
d'expression les «images» de la théologie positive qu'elle
dénonce pourtant comme idolâtrie. Il existe dès lors entre
les deux un rapport de co-constitutionnalité. En dernière
analyse, les deux existent seulement dans et par le processus dynamique par lequel elles se revitalisent elles-mêmes
en tournant sur elles-mêmes. Par le fait de cette transcendance,

[53] *Ibid.*, p. 291/297.
[54] *Ibid.*, p. 292/298.

elles se transforment l'une l'autre en quelque chose de nouveau. Ici, comme c'est le cas avec les autres formes symboliques, «l'élément créateur est en lutte constante avec l'élément traditionnel. [...] Les tendances qui visent à conserver
ne sont pas moins importantes ou indispensables que celles
qui visent à renouveler, car l'innovation exige le durable et
le durable ne peut exister que grâce à un autorenouvelle-
ment constant»[55]. Le mysticisme doit partir du contenu d'un
dogme historique contingent, d'un mythe, d'un contenu
qu'elle révèle être une simple idolâtrie, une pure méconnaissance. En même temps la mystique a pourtant besoin de
cette représentation historique comme moyen d'expression,
car sans elle, la signification qui est dévoilée par sa néantisation resterait essentiellement dénuée de sens, et en fait
.menacerait d'engloutir la conscience dans son propre néant.
Car après la néantisation absolue de la présence effective qui
annonce à l'intérieur de la conscience la présence d'un autre,
il ne reste que le «néant». Ce néant n'est pas celui qu'on
trouve dans l'obscurité de la nuit, qui en fait n'est rien
d'autre que l'expérience d'une absence de lumière, et donc
reste essentiellement quelque chose de significatif en soi. Ce
néant est plutôt le néant absolu, ou le néant *de* l'absolu, dans
lequel il n'y a plus même la présence de l'absence de quelque
chose, il n'y a rien — même pas rien. Car ce «néant» est,
pour nous, complètement dénué de sens et donc n'est pas.
Au-delà de la présence effective qui constitue la texture
de la conscience, il y a, alors, un néant si absolu qu'il s'est
néantisé lui-même, et ne peut donc jamais être, directement
ou indirectement, l'objet de la connaissance. On désigne
ce néant absolu de l'absolu, ce «néant sans nom»[56], par le
signe тᴇᴄl parce que le néant est la néantisation radicale de

([55]) *Logique des sciences de la culture*, p. 207/113 sq.
([56]) *Ibid.*, p. 292/299.

tout, de tout ce qu'il y a et de tout ce qu'on peut imaginer être. La mystique «est toujours menacée de voir cette vacuité et ce néant s'attaquer au moi comme ils s'attaquent à l'être»[57]. «Le mysticisme nous révèle, ou plutôt nous révélerait, si par un acte de volonté nous le laissions faire, une possibilité merveilleuse; mais nous ne le faisons pas, et dans la plupart des cas, nous ne pouvons pas le faire; car nous nous écroulerions sous l'effort. Donc, nous restons avec une religion mixte»[58]. Dans sa manifestation concrète, la religion possède toujours un élément négatif et un élément positif, elle est à la fois une théologie négative et une théologie positive, une néantisation et une affirmation de l'existence du monde.

On ne peut pas séparer la dimension négative de la religion de sa dimension positive ni les juxtaposer, parce que cela établirait une opposition statique entre les deux. Le rapport entre ces deux dimensions de la religion, de même que le rapport entre toutes les formes symboliques, est toujours dynamique, voire dialectique. Dans l'*Essai sur l'homme*, Cassirer se lance dans une critique de la philosophie de la religion de Bergson parce que celui-ci prétend qu'il y aurait une «opposition irréconciliable entre ce qu'il décrit comme une 'religion statique' et une 'religion dynamique'»[59]. La critique de Cassirer met sa distinction entre le mythe et la religion en parallèle avec la distinction bergsonienne[60]. Pour Bergson, la «religion statique» vise à «préserver et rendre éternelle la situation actuelle», alors que la «religion dynamique» tâche de découvrir «les formes nouvelles de la vie humaine qui n'ont jamais existé auparavant»[61]. Comme c'est le cas du

[57] *Ibid.*
[58] *Essay*, p. 102.
[59] *Ibid.*, p. 87.
[60] Cf. *ibid.*, p. 102.
[61] *Ibid.*, p. 89.

mythe et de la religion, la «religion statique» cherche à construire et à préserver le monde vécu de l'esprit, alors que la «religion dynamique» s'escrime à renouveler ce monde en néantisant la «religion statique».

> À la *construction* continue de l'image mythique du monde cor-respond le *dépassement* constant de celle-ci, d'une telle façon cependant que les deux moments, la position et la négation, appartiennent également à la forme de cette conscience même et qu'ils s'unissent en un acte unique et indivisible. Le processus d'anéantissement apparaît donc à l'examen comme un processus d'affirmation de soi, dans la mesure où ce dernier ne peut s'accomplir que grâce au premier: les deux processus réunis doivent coopérer constamment pour dégager l'essence vraie et la valeur authentique de la forme mythique et reli-gieuse[62].

«La forme mythique et religieuse»   On voit alors pourquoi Cassirer traite le mythe et la religion toujours ensemble: c'est que dans leur manifestation historique et concrète, chacun représente, pour ainsi dire, l'intérieur exté-riorisé de l'autre. La conscience mythique est le moment d'immanence dans la signification, alors que la conscience religieuse est le moment de transcendance. Elles n'existent pas indépendamment l'une de l'autre, mais chacune existe plutôt *dans* l'autre. Ainsi, on trouve le mythe à l'intérieur de la religion, et la religion à l'intérieur du mythe. Lorsque Cassirer veut parler spécifiquement du mythe comme d'une forme culturelle, par opposition à la religion pure, il parle du monde «*mythique et magique*» ou de la conscience «magique», pour la distinguer de «la vraie vision *religieuse* du monde». Comme c'est le cas avec le rapport réciproque entre le langage et le mythe, nous pouvons parler abstraitement de

---

(62) *PFS*, II, p. 277/283.

la force spécifiquement mythique, d'une part, et de la conscience purement religieuse, de l'autre, même si dans leur manifestation historique, elles forment toujours une unité concrète.

De l'idole à l'icône De la sorte, on voit aussi pourquoi, par exemple, «il n'y a pas un seul trait de la représentation et de la foi chrétiennes, pas une image ou un symbole dont on ne puisse montrer qu'il a ses parallèles mythiques et païens»[63]. On a vu que «la nature spécifique de la *forme* religieuse se manifestait dans l'attitude nouvelle qu'adopte la conscience face à l'image mythique du monde»[64]. Cependant, cette attitude nouvelle n'est pas la simple néantisation de l'image mythique. «Lorsque la religion nie et écarte d'elle certaines figures mythiques qui gouvernaient autrefois la conscience, cette négation ne signifie pourtant pas qu'elles tombent radicalement dans le néant»[65]. Au moment de leur destruction, les images mythiques sont investies d'une signification nouvelle par la conscience religieuse, ce que nous avons exprimé comme un mouvement de la texture du réel à la *text*ure du réel. Pour énoncer des «transitions subtiles et fugitives de ce genre à l'intérieur de la conscience religieuse», la langue de la religion possède une distinction qui est interdite à la conscience théorique pure. «Celle-ci n'admet pas de moyen terme entre la réalité et l'apparence, entre l'être et le non-être»[66]. Cependant, pour la conscience religieuse, il y a un moyen terme. Bien que l'image mythique soit reconnue comme une «apparence» ou une «illusion» (*Schein*), elle est néanmoins une «apparence (*Schein*) essentielle»[67]. La

(63) *Ibid.*, p. 290/297.
(64) *Ibid.*, p. 279/285.
(65) *Ibid.*, p. 285/291.
(66) *Ibid.*
(67) *Ibid.*

conscience mythique a tort dans la mesure où elle méconnaît l'image comme la présence du réel. La conscience religieuse reconnaît l'image, que la conscience mythique prend
pour le réel, comme n'étant pas le réel lui-même, mais seulement l'«apparence» du réel. C'est pourquoi la critique
religieuse ne peut pas prendre n'importe quelle image comme
son point de départ. Au contraire, seule cette image qui est
prise comme le réel, qui, en fait, est le réel, peut fonctionner comme point de départ pour la conscience religieuse.
Même là où la critique religieuse s'engage à opérer une néantisation radicale de l'image mythique (la conscience religieuse des prophètes israélites en serait un exemple, car ceux-
ci tentent «de montrer que le monde inférieur des démons
est un *néant* absolu»[68]), l'image qui est néantisée continue
d'avoir une fonction importante. On peut en trouver le
témoignage à chaque page de l'Ancien Testament. «Le mystique sait, et il est profondément pénétré de cette idée, que
toute *connaissance* ne se déploie que dans une sphère de
symboles»[69] — tant la connaissance du monde que la
connaissance de Dieu. Mais l'image n'est plus prise dans le
sens d'une idole, c'est-à-dire comme la présence concrète
du divin, mais plutôt comme une icône qui est une image
se dévoilant comme image ou apparence (*Schein*), qui «renvoie» à un sens, «sans jamais le saisir intégralement et sans
jamais l'épuiser»[70].

La «logique de l'absurdité»   Enfin, on voit pourquoi la religion doit être comprise comme une «logique de l'absurdité»:
car dans sa manifestation concrète, la conscience religieuse
doit adopter une attitude paradoxale, voire contradictoire,

[68] *Ibid.*, p. 286/292.
[69] *Logique des sciences de la culture*, p. 200/107.
[70] PFS, II, p. 280/286.

vis-à-vis de l'image mythique. D'une part, l'image mythique doit être reconnue comme ce qui «représente la vérité», mais qui n'est pas elle-même la vérité. Entre l'image et le réel, il existe une incommensurabilité fondamentale qui ne peut jamais être surmontée, une différence et une hétérogénéité primordiales entre l'infinitude de l'Absolu et la finitude de l'image. L'infini transcende absolument le fini, il se trouve au-delà de toute détermination positive, de toute objectivation, et donc ne peut être approché qu'à travers une prédication négative, voire à travers le silence. Il faut que nous nous résignions au fait que nous ne connaissons rien à propos de l'Absolu et que nous n'en connaîtrons jamais rien. D'autre part, s'il est vrai qu'aucun signe ne peut exprimer absolument l'existence de l'Absolu, il n'est pas nécessairement vrai que toute image représente ou méconnaît l'Absolu d'une manière identique. Ici, il faut distinguer entre la religion comme elle est vécue dans une manifestation historique et concrète et comme elle est pensée dans une philosophie spéculative de la religion. Dans la perspective de cette dernière, l'Absolu ne peut être pensé qu'en termes d'un inconnaissable X qui échappe à toute détermination objective, qui se trouve au-delà de toute forme sensible ou intellectuelle, au-delà de toute représentation symbolique et de toute structure, en un mot, comme ce qui échappe à toutes les distinctions binaires de la signification[71]. La présence de l'Absolu dans le monde n'est réduite à rien de plus qu'au début et au fondement nécessaire, à la *Ur-sache*, au X qui fonctionne comme garant de l'harmonie et de l'homogénéité de l'existence: la «cause de soi» (*causa sui*), l'«être suprême» (*summun ens*), la «cause finale» (*ultima ratio*). Cependant, dans la perspective d'une

---

[71] Thomas d'Aquin, *Summa theologiae*, 1ᵃ, qu. 3, prologus: «nous ne pouvons savoir de Dieu que ce qu'il n'est pas» (*de Deo scire non possumus quid sit, sed quid non sit*).

religion vécue et concrète, un tel X, une telle *causa sui* abstraite n'est rien d'autre qu'une idole, un concept illusoire dénué de tout sens, à qui rien de sacré ne peut être attribué. «L'homme ne peut ni prier ni lui sacrifier à ce dieu. Devant la *causa sui*, l'homme ne peut ni tomber à genoux dans l'effroi, ni jouer des instruments, chanter, et danser»[72]. La Rédemption ne peut pas être achevée par le X, par une *causa sui*, un simple concept, une idole. Il n'y a qu'un rédempteur et qu'une voie à la vérité. Autrement dit, l'infini est censé avoir traversé la frontière, pénétré dans le fini et s'être manifesté là comme la vérité. «L'image a pour elle une grande signification dans la mesure où elle ne représente pas seulement la peinture de la vérité, mais *est* la vérité elle-même»[73]. La conscience religieuse doit conserver la foi mythique en la réalité qui se trouve devant elle. Elle ne voit pas, et ne peut jamais voir, l'image comme une simple «illusion», mais plutôt toujours comme une «apparence essentielle» du réel. Pour autant que la conscience mythique méconnaît la *Ur-bild* pour la *Ursache*, et voit donc seulement la présence concrète du dieu, la conscience religieuse doit reconnaître la *Ur-bild* comme ce qui représente la *Ur-sache*, le dieu, et comme ce qui est la *Ur-sache*, tout à la fois. On peut représenter ceci par le dieu ou le réel barrés: D̶i̶e̶u̶ ou r̶é̶e̶l . Le symbole r̶é̶e̶l possède un double sens. Il désigne le réel qui se trouve au-delà du symbolique et résiste ainsi à la signification. Et il indique le fait que c'est seulement par la critique de ce qui est pris pour le réel que nous pouvons penser ce r̶é̶e̶l qui se trouve au-delà de la sphère du symbolique. La croix peut être vue comme la néantisation du réel ou comme la présence effective à la conscience, qui marque la place où le r̶é̶e̶l peut être

[72] Heidegger, «Identité et différence» in: *Questions I* (Classiques de la philosophie). Paris, Éditions Gallimard, 1968, p. 306.
[73] *Le problème de la connaissance*, vol. IV, p.375/299.

contemplé. Encore une fois, on se trouve devant le *templum*. L'expression latine pour désigner l'intuition pure qui se trouve ici, *contemplari*, remonte étymologiquement à l'idée du *templum*, du fragment d'espace dans lequel l'augure effectue son examen du ciel[74]. Le ~~téel~~ se dévoile lui-même dans et par son voilement dans l'altérité de sa différence à lui-même — en d'autres mots, le ~~téel~~ est autre que lui-même.

[74] Cf. *PFS*, II, p. 129/125; le texte continue: «Cette orientation religieuse et théorique a pénétré également, à partir du monde antique, le christianisme et le système de la théologie médiévale».

Une première définition   Dès qu'une étincelle a sauté dans
de la science   le vide et a éclairé l'obscurité du
monde de l'esprit, l'esprit prend conscience du fait que tout
ce qui *est* est gouverné par une loi universelle, que rien n'est
sans raison. À ce moment-là, s'éveille dans l'esprit le désir
de connaître, au-delà de la simple apparence, la raison d'être
des choses. C'est vers cette quête de la vérité, ce mouvement
de l'esprit qui transforme le désir de connaître en connaissance et que Cassirer appelle la science, que nous allons tourner maintenant notre attention.

En un mot, la science est un processus d'«interprétation».
Dans ce processus, il s'agit de traduire nos «observations»
du monde en un système de «symboles bien ordonnés» afin
de les rendre «interprétables en termes de concepts scientifiques»[1]. En tant que le «signe» détermine, comme nous
l'avons vu à plusieurs reprises, toutes nos pensées, nos perceptions et intuitions du monde et de nous-mêmes, «de l'universalité du signe jaillit la véritable universalité de la pensée»[2].
De même, la systématisation et la cohérence logique qui
caractérisent la pensée scientifique viennent de la systématisation et de la cohérence logique du système des signes
qui détermine cette pensée. Bien que toute notre connaissance du monde soit toujours une connaissance d'un ordre
«légal», la pensée scientifique se distingue des autres modes

---

[1] *Essay*, p. 217.
[2] *PFS*, III, p. 444/470.

de connaissance dans la mesure où elle est une connaissance
«explicite» et «systématique» de la «loi» (*Gesetz*) de cet ordre
légal — qu'il s'agisse de l'ordre général de la nature ou de celui
de l'esprit. Telle est, *grosso modo*, la nature de la science en
tant que forme symbolique.

Le rapport entre le langage   Il ne serait pas étonnant de
vécu et la science   découvrir qu'«ici, dans le rapport entre formation linguistique et formation scientifique
du concept, se présente la même dialectique déjà rencontrée
précédemment dans un tout autre domaine de l'esprit, dans
le progrès de la conscience mythique à la conscience religieuse»[3]. Dans la mesure où c'est le langage qui constitue
notre perception et notre pensée du monde, le mouvement
de la perception à la pensée scientifique représente un mouvement du «signe verbal» et du «mot-concept» du langage
aux «signes relationnels et ordinaux purs» et aux «concepts
purs» de la pensée scientifique. La science se constitue elle-
même dans et par la «relève» (*Aufhebung*) de l'image linguistique. Cependant, elle ne peut se passer du langage pas
plus que la religion ne pouvait se passer des images du mythe.
Bien que la science constitue une dimension nouvelle de la
signification pure au-dessus et au-delà de la dimension concrète
de la perception constituée par la représentation linguistique,
elle reste néanmoins liée au langage et continue à dépendre
du langage pour ses propres moyens d'expression. Comme
dans le cas de la religion, «le progrès du concept linguistique
au concept scientifique ne consiste pas dans une négation, dans
une simple *inversion* des processus spirituels sur lesquels repose
la formation de la langue, mais dans une continuation et
dans une *intensification* idéale de ceux-ci»[4]. Tout comme

[3] *Ibid.*, p. 364/384.
[4] *Ibid.*, p. 365/385.

dans le cas du mythe, le langage se transforme lui-même de l'intérieur lors de son propre développement, préparant ainsi le chemin à une force de l'esprit qui va le surmonter. Dans son étape finale, le langage touche à sa limite interne et dépasse son propre cercle de formation pour se transformer en une dimension nouvelle de la signification. Comme dans le cas du mythe et de la religion, l'étape symbolique du langage est l'étape mimique de la science.

> Toute science rigoureuse exige que la pensée se libère de la contrainte du mot, se rende indépendante de ce dernier et s'émancipe. Mais même pour arriver à cette libération, on ne peut quitter le chemin parcouru par le langage; il faut au contraire le suivre jusqu'à la fin et le poursuivre par-delà cette fin même. La pensée déborde la sphère du langage, mais elle lui emprunte une tendance qui, originairement incluse en lui, était dès le début à l'œuvre dans son propre développement en qualité de motif animateur. [...] L'acte qui le sépare du langage, acte indispensable, se révèle conditionné par le langage même et requérant la médiation de ce dernier[5].

La différence entre la perception et la pensée scientifique « Dans un univers changeant, la pensée scientifique fixe les points de repos, les pôles immobiles. [...] Le processus scientifique mène à un équilibre stable, à une stabilisation et une consolidation du monde de nos perceptions et pensées »[6]. La science donne, comme Kant l'a dit, une forme ou une structure stable à la « rhapsodie des perceptions ». Cependant les contenus de la perception et de la pensée sont toujours déjà formés, ordonnés et unifiés en une multiplicité constante. On a vu que « non seulement ce qui est sans structure (*das Strukturlose*) ne pourrait pas être pensé,

(5) *Ibid.*, pp. 364 sq./384.
(6) *Essay*, p. 207.

il ne pourrait pas non plus être perçu ou intuitionné objectivement»[7]. Même le niveau le plus élémentaire de la «perception» (*Wahrnehmung*) est toujours une forme de «prendre-pour-vrai» (*Für-Wahr-Nehmen*) et constitue ainsi un processus de «sélection» (*Ausleseprozeß*) par lequel le «réel» et l'invariant sont distingués de l'«apparent» et du variable. «Une telle 'solidification' est plutôt une tendance inhérente à la perception elle-même; sans elle, elle ne pourrait jamais devenir perception des 'choses'»[8]. Où se trouve alors la différence entre les deux modes de détermination, entre la perception et la science? «Il n'y a là qu'une différence: l'une [la perception] se contente d'une simple *estimation* là où l'autre [la science] exige une *détermination* rigoureuse, ce qui exige qu'on développe de nouvelles méthodes spécifiques»[9].

La nature de la perception vécue Pour mieux comprendre la tâche et la nature du concept linguistique, et comment le concept scientifique se distingue de ce dernier, il faut d'abord considérer brièvement pourquoi notre perception vécue doit «se contenter d'une simple *estimation*». La raison réside dans la nature même de la perception. Étant donné la structure du concept[10], on peut supposer que la pensée scientifique va comprendre «l'être individuel [comme] une pure *valeur de position*. Mais la perception singulière entend être autre chose et plus qu'une simple position dans une série. Elle est en quelque sorte pour soi et par-devers soi, sa signification reposant sur cette particularité même»[11]. Chaque perception *vécue* est donc caractérisée par sa *particularité*. Un «objet» particulier est aperçu par un sujet particulier, dans une perspective

---

([7]) *Logique des sciences de la culture*, p. 95/18.
([8]) *Ibid.*, p. 162/74.
([9]) *Ibid.*, p. 163/75.
([10]) Voir ci-dessus p. 19.
([11]) *PFS*, III, p. 451/476.

particulière, à un moment particulier, etc. Pour cette raison, toute perception est toujours «incomplète» et «fragmentaire». Dans toute perception, je peux, par exemple, «voir» seulement un côté de cet objet qui m'est «donné» dans ma perception à un certain moment. Certes, je peux tourner l'objet afin de voir l'autre côté, mais à ce moment-là, je ne peux plus voir le côté qui était présent dans ma perception juste avant. Bien que je puisse changer la perspective d'où je vois cet objet, je ne peux jamais l'apercevoir de plus d'une perspective à la fois, parce que, en tant que sujet d'une perception, je suis, comme l'objet de perception, incarné dans l'espace et ne peux donc pas être á deux endroits à la fois. Certes, je peux envisager l'unité de toutes les perceptions possibles de cet objet, mais je ne peux le faire que dans la «pensée» et non dans la «perception»: car je ne peux saisir l'unité de toutes les perceptions possibles que si je vais au-delà du contenu réel d'une perception particulière, à la réalité virtuelle de l'idée du tout de l'objet. Bien sûr, chacune des perceptions particulières d'un objet contient toujours déjà implicitement une connaissance de l'unité idéale de l'objet qui fait des diverses perceptions les diverses perceptions d'un seul objet; car c'est seulement du contexte du tout idéal que chaque perception particulière tire son sens, un sens qui doit être compris comme une «*valeur de position*». Chaque phénomène particulier représente l'objet, sans jamais pouvoir, en tant que particulier, coïncider vraiment avec lui. La simple «perception» renvoie nécessairement au-delà d'elle-même, parce qu'elle est la perception de quelque chose. Chaque perception nous renvoie à une autre perception, et ensuite à une autre, et à toute une série d'autres. Et quant à la dimension temporelle de notre perception du monde, on trouve que celle-ci est aussi déterminée par sa particularité. Toute perception vécue est toujours une perception particulière qui se produit dans le présent immédiat du maintenant

— bien qu'elle ne soit pas nécessairement une perception du présent. Chaque perception vécue se produit à un moment unique. Par conséquent, chaque perception est tout à fait différente de toutes les autres perceptions, parce qu'il n'est pas possible que deux perceptions appartiennent au même moment. En changeant ma perspective d'un objet, je peux percevoir maintenant ce côté, et puis un autre, et encore un autre. À n'importe quel moment, je peux revenir à une perspective antérieure, perspective de laquelle ma perception de l'objet sera la «même», comme elle l'était il y a un moment. De toute évidence, comme le nombre de perspectives de n'importe quel objet est infini, il est pratiquement impossible de retrouver la perspective exactement identique. Néanmoins, même si nous pouvions revenir exactement à la même perspective spatiale sur l'objet, la perception elle-même serait radicalement différente de la première dans la mesure où elle se produirait à un autre moment dans le temps. Dans ma perception vécue du monde, je ne peux jamais revivre un moment du passé, ni vivre un moment de l'avenir. Dans chaque perception, je suis toujours situé dans le moment éternel de «maintenant»; et c'est cette individualité radicale de la perception qui la caractérise comme une perception vécue et réelle.

> En toute rigueur, on ne peut parler de trois temps, mais plus justement de trois rapports distincts et, par eux, de trois aspects et de trois déterminations distinctes impliquées dans le temps envisagé comme présent. Il y a un présent du passé, un présent du présent et un présent du futur. «Le présent du passé s'appelle mémoire, celui du présent intuition, celui du futur attente» [Saint Augustin, *Confessions*, lib. XI, cap, XXVI]. Le présent de la conscience n'est pas attaché à un moment unique et comme emprisonné en lui: il le déborde vers l'avant comme vers l'arrière[12].

(12) *Ibid.*, pp. 192 sq./195.

La perception d'un moment se manifeste elle-même dans une perception de la durée de ce moment, chaque instant implique un autre instant, et en fait toute une série d'instants. Encore une fois, on voit que le contenu d'une perception contient implicitement la connaissance d'une unité idéale et virtuelle qui le surpasse. La simple «perception» renvoie nécessairement au-delà d'elle-même au contexte duquel elle tire son sens, un sens qui doit être compris comme une *«valeur de position»*.

Mais, si dans la perception vécue le contenu a un sens de «valeur de position», c'est toujours une valeur approximative et jamais une *pure* valeur de position. La perception vécue se caractérise et se distingue toujours par une certaine «hétérogénéité».

> *Sans* cette hétérogénéité intrinsèque, la perception ne semble pas pouvoir être une perception, car elle menacerait alors de perdre la particularisation qualitative qui appartient à son essence; *avec* cette hétérogénéité, elle semble par contre ne jamais pouvoir vraiment se plier à la forme de système qui représente une condition de possibilité du *savoir*, du *concevoir* théorique en général[13].

Cette hétérogénéité est, bien entendu, toujours une hétérogénéité relative, parce que nous ne sommes jamais confrontés à l'hétérogénéité absolue du flux héraclitéen du pur devenir. Chaque perception est elle-même toujours déjà une unité différenciée, bien que la nature de cette unité soit toujours «accidentelle» et «incomplète», elle forme plus un «ensemble d'éléments» qu'une «vraie unité synthétique» d'un tout homogène. Les éléments d'une perception forment une série d'éléments telle que chaque élément s'avère, en dernière analyse, une «valeur de position», mais la règle qui détermine cette position est tout à fait arbitraire.

---

(13) *Ibid.*, p. 451/476.

La fonction d'un langage vécu   «C'est seulement du point
de vue d'une [...] représentation qu'on peut parler de l'unité
d'une 'chose'»[14]. C'est le langage qui doit fournir à la perception une unité et une stabilité relatives qui lui permettent
de «représenter» la présence de quelque chose, et, en même
temps, de préserver la particularité et l'hétérogénéité qui
caractérisent la perception comme perception vécue. C'est
cette dernière exigence du langage qui est responsable du fait
qu'il y a une certaine «ambiguïté» inhérente à tous les concepts
linguistiques: car le sens linguistique ne peut jamais être
déterminé absolument. Chaque mot doit être capable de
s'adapter lui-même à la particularité de la perception vécue
d'un sujet et du contexte du discours. Le langage «n'existe
qu'en se posant et en s'affirmant dans le mouvement du
discours, dans son va-et-vient, dans son flux et reflux»[15]. Le
même objet peut apparaître chaud ou froid à des personnes
différentes, voire à la même personne, dans des contextes
différents. Que quelque chose soit dit chaud ou froid, doux
ou dur, etc., dit moins à propos de l'objet qu'à propos du
contexte de la parole et de la perception subjective qui est celui
du sujet du discours. Ce que le signe linguistique désigne est
toujours quelque chose d'inscrit dans le contexte du monde
intuitif du sujet qui parle, et ce contexte intuitif est toujours
en train de changer.

> Le langage ne peut jamais quitter et briser définitivement ce
> cercle: car même là où comme *discours*, comme «*logos*» objec-
> tif, il porte sur du non-sensible pur, il ne peut désigner ce non-
> sensible que du point de vue du *sujet du discours* (*Redender*). Il
> n'est jamais énonciation pure et simple: en même temps vit
> toujours en lui un mode, une forme individuelle du dire par
> laquelle le sujet parlant s'exprime *soi-même*. Tout discours vivant

(14) *Ibid.*, p. 356/375.
(15) *Ibid.*, p. 372/393.

contient cette dualité interne, cette polarité du sujet et de l'objet. Il ne se contente pas d'annoncer certains états de choses, mais reçoit l'empreinte de la position du sujet par rapport à ces états. C'est par d'innombrables nuances de la plus grande finesse, par un changement dans la dynamique des accents, par le tempo et le rythme, par des changements et des fluctuations affectant la 'mélodie de la phrase' que parvient à s'exprimer cette participation intime du moi au contenu dont on parle. Vouloir dépouiller le discours de cette 'tonalité sentimentale' reviendrait à lui ôter le battement de son cœur, son pouls et son souffle[16].

Le problème de la vérité et la naissance du projet de la science Parce qu'une perception est toujours relative à la perspective du sujet de la perception, les jugements qui sont basés sur elle ne sont pas tant erronés que relatifs et limités. Pour la plupart, nos perceptions du monde sont dignes de confiance. Si je sens que le fourneau est chaud, alors je ne le touche pas. Lorsque quelqu'un me donne la main, je ne me demande pas si c'est une vraie personne ou un hologramme qui est devant moi, je lui donne la main aussi dans un acte de reconnaissance. «Mais cette confiance absolue dans la réalité des choses s'ébranle et subit une première secousse dès que le problème de la *vérité* entre en ligne de compte. À partir du moment où l'homme, non content de se situer dans le réel et de *vivre* avec cet entourage, désire s'en donner une *connaissance*, il noue un rapport radicalement nouveau avec lui»[17]. Poser la question de la vérité des choses équivaut à avoir déjà mis en cause la réalité immédiate de la perception, avoir transformé la texture effective de la perception en une apparence qui représente à l'intérieur de la conscience quelque chose qui est autre qu'elle-même et qui demande une explication supplémentaire. C'est avoir

(16) *Ibid.*, pp. 374 sq./395.
(17) *Ibid.*, p. 316/330.

reconnu que la présence des choses qui se trouve dans une perception, est seulement la surface d'une réalité beaucoup plus profonde. Au-delà de nos impressions subjectives et partielles du monde, on reconnaît l'ordre légal du monde. Comme le dit Héraclite, on découvre la certitude d'«une harmonie invisible qui est meilleure que l'harmonie visible». «Qu'il existe un effet (*Wirken*), et par conséquent une 'réalité' contenue dans des limites rigides et assujettie à des lois immuables, telle est l'idée qui commença à poindre là pour la première fois»[18]. Mais une fois que le problème de la vérité est éveillé, il ne peut jamais disparaître et il va continuer d'accroître sa sphère d'investigation jusqu'au point où tout aura été mis en cause. Déjà chez les enfants, qui demandent «pourquoi» les choses sont comme ça, le problème de la vérité va continuer jusqu'à *la* question de savoir «pourquoi il y a quelque chose plutôt que rien».

La négation de la parole du sujet et la fixation du signifiant Comment la pensée scientifique accomplit-elle la transformation d'une simple *estimation* de la réalité en une *détermination* rigoureuse? On a vu que la perception et le langage représentent l'objet seulement du point de vue subjectif qui est celui du sujet du discours. La particularité de ce point de vue est exprimée dans la parole du sujet comme «une forme individuelle du dire par laquelle le sujet parlant s'exprime *soi-même*»[19]. La négation de cette «forme individuelle du dire» équivaudrait à la destruction de la force vitale du sujet vivant. Néanmoins, «il y a dans le développement de l'esprit un stade auquel on exige de lui précisément ce sacrifice. Il lui faut parvenir à une pure saisie du monde où soient supprimées toutes les particularités afférentes au *sujet*

[18] *Logique des sciences de la culture*, p. 76/1.
[19] Voir ci-dessus, p. 110.

qui saisit. […] Seul ce passage ouvre le domaine de la 'science' proprement dite, de la science rigoureuse, qui efface, dans *ses* signes symboliques et dans ses concepts, tout ce qui possède quelque valeur de pure expression. Ici ce n'est plus le sujet singulier mais simplement la chose (*Sache*) même qui doit 'venir au langage' (*zur Sprache kommen*)»[20]. Toutefois, il ne suffit pas de simplement nier le point de vue du sujet individuel, parce que tout langage possède aussi sa propre «vision subjective du monde»[21], qui doit, elle aussi, être niée. Cassirer illustre la nature arbitraire du système contingent des désignations linguistiques par l'exemple d'un langage dans lequel un papillon est classé comme un oiseau parce qu'il vole[22]. Un tel système de classification est basé sur des «facteurs intuitifs» et non sur une règle ou un certain «critère» logique. Du point de vue de la pensée scientifique, le langage, en tant que système de classification et de désignation, souffre des mêmes défauts que la perception. Comme la perception, il forme un ensemble de notions et non une totalité systématique gouvernée par une loi cohérente; sa classification est incomplète et ambiguë, et donc sa forme de désignation est accidentelle et arbitraire.

Une **lingua universalis**   Pour établir une pensée universelle, la science doit construire un nouveau langage universel. Dans cette «universalité», «les différences nationales aussi bien qu'individuelles» sont supprimées. «Le concept pluriel des 'langues' perd désormais sa légitimité: il est repoussé et remplacé par l'idée de la *caracteristica universalis* qui entre en jeu comme *lingua universalis*»[23]. Celle-ci est achevée en fixant le signifiant dans un système de signification pure qui est

---

[20] *PFS*, III, p. 375/396; trad. modifiée.
[21] *Ibid.*, p. 377/398.
[22] Cf. *ibid.*, p. 347/364.
[23] *Ibid.*, p. 375/396.

régi par un principe directeur, donc en mettant un terme au glissement du signifiant sur le signifié qui donne au langage la souplesse dont il a besoin pour être capable de déterminer toute notre perception vécue du monde, tout en préservant sa particularité qui la caractérise comme une perception vécue.

> La dialectique est l'art de déterminer et de fixer le sens fluctuant des mots. La parole est en mouvement — et dans ce mouvement, tous nos mots et termes subissent un changement incessant. Mais c'est à la philosophie [c.-à-d. la science], à la dialectique, d'amener ce changement vers une fin, de transformer les formes mobiles et incertaines des mots dans des concepts résolus et constants[24].

Les deux postulats de La construction d'une *lingua univer-*
la langue scientifique *salis* procède selon deux principes fondamentaux de construction. «La première de ces exigences est le postulat d'identité: pour le 'même' contenu, on doit toujours choisir le 'même' signe. L'espace de jeu' de la signification, qui est essentiel au langage dont il rend seul le mouvement possible, le fait qu'on puisse prendre un mot tantôt dans un 'sens' et tantôt dans un autre, tout cela doit désormais être consciemment aboli. On aspire à une coordination univoque et rigoureuse entre 'signe' et 'signification'»[25]. Comme nous l'avons dit, on supprime de la sorte le glissement du signifiant vers le signifié qui caractérise toute parole vécue. Le sens d'un mot est déterminé *a priori* par rapport à son usage, et donc ne dépend plus du contexte dans lequel il est employé. D'où le deuxième principe qui affirme que chaque mot, terme ou concept, tire son sens seulement de la *place* qu'il occupe dans un système de mots, termes ou

---

[24] «*Influence*», p. 311.
[25] *PFS*, III, p. 372/393.

concepts, et que ce système d'éléments doit être gouverné et construit par un principe directeur.

> Tout concept nouveau instauré par la pensée scientifique est d'emblée rapporté au tout de cette pensée, des conceptualisations *possibles*. Ce qu'il est et signifie dépend de sa valeur à l'intérieur de ce tout. Toute «vérité» attribuable au concept est liée à cette «vérification» constante et générale par rapport à l'ensemble des contenus et des propositions de la pensée. Cette exigence touchant le concept entraîne l'exigence que les *signes* conceptuels forment un *système* clos. Il ne suffit pas d'attribuer un à un des signes arbitraires aux divers contenus de pensée: il faut que tous s'inscrivent dans un ordre fixe en sorte que l'ensemble complet des signes s'organise d'après une règle. De même qu'un contenu de pensée se révèle conditionné par un autre sur lequel il «se fonde», de même le signe doit lui aussi être fondé sur un autre, autrement dit pouvoir s'en dériver d'après une *loi* donnée de *construction* (*Gesetz des Aufbaus*)[26].

L'exemple classique donné par Cassirer est celui de la chimie. Comme on le sait, chaque élément est défini par sa *place* dans le tableau périodique qui est gouverné par la loi périodique. Les éléments sont organisés et distribués en fonction de l'ordre croissant de leur nombre atomique, un nombre qui correspond au nombre d'électrons ou au nombre de protons qui composent l'élément concerné, formant ainsi un vrai système des éléments. Tout ce qui a le même nombre atomique est effectivement le même élément. Le sens de chacun des éléments n'est rien d'autre qu'«une pure valeur de position». Quels que soient son nom, sa valeur religieuse, son apparence esthétique, l'or, en tant qu'élément, est cette substance qui a un poids atomique de 196,9665 et qui occupe la position 79 dans le tableau périodique. En tant que concept, l'or n'est rien d'autre que cela.

---

[26] *Ibid.*, p. 373/393.

Le concept scientifique est une «pure structure relationnelle» (*reines Relationsgefüge*)[27], dans laquelle chaque élément du concept est «une pure *valeur de position*». L'objet scientifique n'est rien d'autre que cette «loi de construction» de la série où il se trouve.

> Qu'on doive concevoir «l'» objet comme *un* n'exclut pas la construction progressive de cette unité même, comme unité fonctionnelle, tenue de parcourir une série de déterminations sans s'épuiser ni dans l'un des termes particuliers de la série ni dans son dernier terme où elle trouverait sa conclusion définitive, car elle est le principe de totalisation de la série selon lequel le passage d'un terme à l'autre se détermine[28].

Relativité, validité et «La tâche primaire du concept
dialectique de la vérité scientifique semble se réduire, il est
scientifique vrai, à poser une règle de détermination qui doit se vérifier et se remplir dans le champ de l'intuition»[29]. Cette «règle de détermination» qui organise et structure l'unité interne de la pensée a *l'intention de représenter* la «loi» qui anime le phénomène présent dans la perception. En d'autres mots, la théorie scientifique n'est rien d'autre qu'une «interprétation» du contenu de la perception.

> Toute théorie [...] peut être appelée une interprétation des faits auxquels elle se réfère. Si par exemple, en optique j'adopte la théorie newtonienne de la lumière, si je pense que la lumière est produite par l'émission de particules impondérables à partir de corps lumineux, alors j'interprète la lumière en termes de mécanique. Si j'adopte la théorie de Maxwell, j'interprète le même phénomène en termes d'électrodynamique[30].

---

[27] *Ibid.*, p. 363/383.
[28] *Ibid.*, p. 355/375.
[29] *Ibid.*, p. 316/330.
[30] *L'idée de l'histoire*, p. 81.

C'est par une interprétation des éléments hétérogènes d'un phénomène que la pensée scientifique établit une unité intellectuelle. Une interprétation est dite valable lorsqu'elle est cohérente et systématique à la fois intérieurement et extérieurement. C'est-à-dire dans la mesure où il n'y a pas de contradictions à l'intérieur de la structure de l'interprétation et de ses concepts, d'une part, et entre la théorie et les faits du phénomène, la «résistance même» du «donné»[31], d'autre part. On ne peut pas réduire l'être à la pensée, parce qu'il possède une «autonomie». «Cette autonomie [entre la structure théorique d'explication et la résistance du donné] renferme le premier commencement, le germe dialectique de toute conceptualisation dans les sciences»[32]. Cependant, que les faits ne correspondent pas à la théorie, ne réfute pas nécessairement la théorie. Il est possible que la théorie reste valable pour une certaine gamme de phénomènes, et ce qui est demandé maintenant est une théorie plus générale qui expliquerait les faits à partir d'une perspective plus générale.

Il reste toujours la possibilité d'une interprétation nouvelle, plus complète et plus simple de l'être: et parce que «la 'simplicité' comme la cohérence systématique, ne sont jamais que relatives, on garde constamment la possibilité de passer par une variation appropriée de la formulation initiale à un autre résultat, plus satisfaisant»[33]. La nature relative de la pensée scientifique ne la prive pas, comme on pourrait l'imaginer, de sa valeur: car l'interprétation de la pensée ne fait pas dériver sa signification des «objets transcendants», qui existent en-soi et que la pensée tente de copier, mais sa signification vient plutôt de la forme spécifique du mode d'objectivation qu'elle accomplit.

[31] *PFS*, III, p. 451/476.
[32] *Ibid.*, p. 451/476.
[33] *Ibid.*, p. 466/492.

Cette fonction a beau ne jamais parvenir à sa fin, à son véritable *non plus ultra*, sa direction n'en est pas moins fixe. L'interminabilité du chemin n'abolit pas l'immuabilité de cette direction: car c'est justement la référence à des points 'infiniment éloignés' qui définit des directions[34].

La différence entre les sciences naturelles et les sciences culturelles Penser scientifiquement, c'est voir la présence effective à la conscience comme un phénomène qui est déterminé légalement, et fournir la raison d'être de ce phénomène par la construction d'un système de signes qui représente cette réalité et qui est ordonné par une loi: c'est «voir» que κόσμος (ce qui veut dire le «cosmos» mais aussi l'«ordonné») est gouverné par un λόγος, et représenter ce λόγος par un signe, $\varphi(x)$. À travers cette représentation, la pensée scientifique explique le phénomène au moyen d'une théorie qui ajoute quelque chose qui n'est pas présent, au moins pas explicitement, dans la perception même du phénomène, à savoir la «loi» de ce phénomène, la règle qui ordonne ses divers éléments en une unité organique. Ayant construit sa théorie du phénomène, la pensée ne le voit plus comme une existence indépendante, mais plutôt comme une «expression» objective et concrète d'une loi universelle de formation. Mais est-ce qu'il y a une différence entre la logique des sciences naturelles et la logique des sciences culturelles? C'est dans *La logique des sciences de la culture* que Cassirer tente d'établir les différences entre les *Geisteswissenschaften*, ou *Kulturwissenschaften*, et les *Naturwissenschaften*. Une brève lecture de ce volume va nous aider à répondre à la question qui vient d'être évoquée. Cassirer insiste sur la nécessité de distinguer les méthodes et les approches respectives des

(34) *Ibid.*, p. 466/492.

Naturwissenschaften et des *Geisteswissenschaften*. Néanmoins, comme on va le voir, cette distinction ne constitue aucunement une séparation.

Ce que les deux ont en commun est leur logique de «*subsumption*» (*Subsumtion*)[35], ou formation de concepts. «Nous ne comprenons une science dans sa structure logique que lorsque nous avons clairement saisi de quelle façon elle achève de *subsumer le particulier sous le général*»[36]. Quel que soit l'objet, on le comprend scientifiquement lorsqu'on le voit comme une expression ou comme un cas de la loi plus générale. Or les sciences naturelles effectuent cette «subsumption» d'une façon telle qu'elles ne laissent aucune distance, ou différence, entre le particulier et le général; «l'or», par exemple, n'est rien d'autre pour le scientifique qu'un élément qui «possède un poids spécifique précis, strictement déterminé quantitativement, une conductibilité électrique précise, un coefficient de dilatation précis, etc.»[37]. Bref, l'unité conférée aux particuliers des sciences de la nature est une «unité de l'*être*» (*Einheit des Seins*). Par contre, les sciences de la culture, dans leur subsomption des particuliers sous le général, ne peuvent jamais épuiser le particulier, le particulier ne correspond jamais complètement au général, c'est-à-dire qu'il n'est jamais une pure valeur de position. Ici, il s'agit d'«unité de direction» (*Einheit der Richtung*)[38] et non d'une unité de l'être. Elles «*ordonnent*» (*einordnen*) les phénomènes sans les «*subordonner*» (*unterordnen*) à une loi générale[39]. L'exemple que Cassirer nous donne est éclairant. Un historien de la Renaissance va tenter de décrire l'homme renaissant«idéal», l'homme qui réunit en lui tous les traits de cette époque.

[35] *Logique des sciences de la culture*, p. 158/70.
[36] *Ibid.*, p. 157/69.
[37] *Ibid.*, p. 158/71.
[38] *Ibid.*, pp. 160 sq./173.
[39] *Ibid.*, p. 158/173.

Toutefois, il sera impossible de trouver un cas historique
qui coïncide complètement avec cette figure idéale. Il restera
toujours une différence irréductible entre le particulier et le
général. C'est pourquoi le travail de l'historien ne consiste pas
à simplement rassembler quelques «faits», mais plutôt à fournir une interprétation qui peut justifier la possibilité que
même les particuliers, non seulement différents mais opposés, peuvent être vus comme les expressions caractéristiques
du même esprit:

> Ce que nous prétendons vouloir dire d'eux, c'est que malgré
> cette opposition, ou peut-être justement à cause d'elle, ils sont
> les uns avec les autres dans un certain rapport idéal: chacun
> d'entre eux participe à sa manière à édifier ce que nous appe-
> lons l'«esprit» ou la culture de la Renaissance. C'est une unité
> de *direction* et non une unité de l'*être* qui doit être ainsi expri-
> mée. Les différents individus forment un ensemble, non parce
> qu'ils sont identiques les uns aux autres, mais parce qu'ils par-
> ticipent à une *tâche* commune que nous considérons comme
> nouvelle par rapport au Moyen Âge, comme l'«esprit» original
> de la Renaissance[40].

Cassirer résume la distinction entre les différentes méthodes
des *Naturwissenschaften* et des *Geisteswissenschaften* en disant
que les sciences de la nature procèdent au moyen d'une analyse *causale* des *choses* naturelles, alors que les sciences de la
culture ont pour but le discernement des *formes* des pro-
ductions culturelles. «La différence entre le concept de forme
et de style d'un côté et le concept de chose de l'autre exprime
dans un langage purement logique la différence même que
nous avons rencontrée plus haut dans la structure de la perception»[41]; «le concept de forme et le concept de cause

---

[40] *Ibid.*, pp. 160 sq./72 sq. Suivant Husserl, Cassirer appelle cette forme
d'«abstraction» qui établit une unité de direction une *ideierende Abstraktion*.

[41] *Ibid.*, p. 161/73; traduction corrigée.

constituent les deux pôles autour desquels se meut notre compréhension du monde»[42]. Or, la référence à ce «que nous avons rencontré plus haut» exige une brève explication. À l'intérieur de la présence de l'altérité à la conscience, on peut, selon Cassirer, distinguer entre la présence d'un «ça» (*Es*) et la présence d'un «toi» (*Du*). «L'altérité demeure dans les deux cas, mais une différence intrinsèque s'y manifeste: le 'ça' est tout simplement un '*autre chose*', un '*aliud*', alors que le '*toi*' est un *alter ego*»[43]. Dans le premier cas, la présence objective devant nous est perçue comme un «monde des choses», comme un monde physique d'objets spatiaux et temporels. Dans l'autre, la présence objective devant nous est perçue comme «quelque chose 'de notre espèce'».

Du point de vue historique, on peut déjà observer la séparation de ces deux approches dès le début de notre tradition philosophique. Comme Cassirer le souligne, la lutte entre les philosophes de l'«être» et les philosophes du «devenir» a commencé avec les présocratiques et «traverse toute l'histoire de la philosophie grecque»[44]. L'antagonisme entre les deux a trouvé sa première réconciliation (qui devait s'avérer décisive pour plusieurs siècles) dans la pensée d'Aristote, qui a réussi à penser ensemble la cause formelle ($\varepsilon\tilde{\iota}\delta o\varsigma$) et la cause efficiente ($\alpha\dot{\iota}\tau\dot{\iota}\alpha$) en les unifiant avec le principe de finalité ($\tau\acute{\varepsilon}\lambda o\varsigma$). La forme d'un objet devient cause parce qu'elle poursuit l'objectif de maintenir sa propre identité en dehors d'elle-même: ainsi, la forme est à la fois le principe et la fin du processus causal[45]. Mais vers la fin du Moyen Âge et le

---

[42] *Ibid.*, p. 177/87.

[43] *Ibid.*, p. 119/39.

[44] *Ibid.*, p. 177/88.

[45] C'est pourquoi Aristote dit souvent: «ἄνθρωπος ἄνθρωπος γεννᾷ»: la forme de l'homme se perpétue elle-même en devenant la cause d'un autre homme qui possède la même forme, qui est la fin, ou le but, du processus génératif. Cf. P.W. ROSEMANN, «*Omne agens agit sibi simile*». *A*

début de la science moderne on assiste à une dévaluation progressive de toutes les explications en termes de forme, une dévaluation qui trouve sa première et pleine expression dans la science de Galilée:

> La dynamique de Galilée, sous sa forme mathématique, ouvrait le royaume du devenir qu'elle rendait accessible à la connaissance conceptuelle rigoureuse. Le concept aristotélicien de cause formelle sera ainsi déclaré déchu de toutes ses prétentions. Seule la cause mathématique est une *causa vera*. [...] Une fois évincé le concept de forme, le fossé entre science de la nature et science de la culture devait se creuser à nouveau[46].

Cependant, dans le développement contemporain des sciences de la nature, Cassirer observe une certaine renaissance du concept de forme, bien que dépourvue de la dimension téléologique aristotélicienne. Cassirer illustre ce changement de paradigme par une brève étude de la physique, de la psychologie et de la biologie de son temps. En chacune, il trouve une nouvelle importance accordée aux idées de «tout», de «système» et de «structure». En physique, on voit le passage de l'ancienne «théorie des substances» à la «théorie des champs» de Faraday et Maxwell. «Le champ n'est pas un concept de chose mais un concept de relation; il n'est pas un ensemble de morceaux mais un ensemble de lignes de force»[47]. De la même façon, la psychologie des éléments est devenue la psychologie gestaltiste, qui accorde une priorité à la structure et au tout au-delà des éléments qui constituent la structure ou le tout. Et en dernier lieu, on voit que la biologie moderne a abandonné la «théorie mécaniste de la vie»[48] pour embrasser

---

«*Repetition*» *of Scholastic Metaphysics* (Louvain Philosophical Studies, 12). Louvain: Leuven University Press, 1996, pp. 41-60.

[46] *Logique des sciences de la culture*, p. 180/89 sq.
[47] *Ibid.*, p. 183/92.
[48] *Ibid.*, p. 184/93.

une vue plus organique. Ces développements défont la séparation injustifiée entre les méthodes des *Naturwissenschaften* et des *Geisteswissenschaften*. Car malgré leur claire distinction, ces deux types de sciences se complètent et s'interpénètrent l'un l'autre:

> La science de la culture peut se plonger plus librement et plus sereinement dans l'étude de *ses* formes et de *ses* structures et figures depuis que les autres domaines du savoir se sont intéressés à leurs problèmes de formes spécifiques. La logique de la recherche peut désormais assigner à tous ces problèmes la place qui leur convient. Analyse formelle et analyse causale apparaissent maintenant comme des directions qui ne se contredisent pas l'une l'autre mais se complètent et qui, dans tout savoir, doivent être liées l'une à l'autre[49].

Le style, c'est l'homme lui-même Dès lors, les sciences de la culture peuvent effectuer soit une analyse formelle, soit une analyse causale des phénomènes culturels — parce qu'en fin de compte, l'homme, comme le symbole, est essentiellement une signification incarnée. Mais, de la même façon, les sciences de la nature peuvent, elles aussi, effectuer soit une analyse formelle, soit une analyse causale des phénomènes naturels. On en trouve un témoignage dans la nouvelle théorie du chaos, qui est effectivement une théorie «morphologique». On se demande quelle est alors la différence entre la nature et l'esprit, si l'une et l'autre sont compréhensibles en termes à la fois de causalité et de forme ou structure. On a vu que là où il est question de la nature, il n'y a pas de divergence entre le particulier et le général, et qu'ainsi chaque particulier qui remplit la définition du général, la remplit complètement, étant de la sorte absolument identique à tout autre particulier qui remplit également les conditions établies par

(49) *Ibid.*, p. 188/96.

la loi universelle du concept. Cependant, dans le cas de l'esprit, le particulier ne correspond jamais absolument au général, il reste toujours une différence. Pour caractériser cette différence, Cassirer a introduit le concept de «style». Bien que la forme de la culture soit universelle, aucune culture ne nous présente une expression pure de cette forme universelle. Ce qui distingue une culture d'une autre, ou un langage d'un autre, c'est son style, sa manière d'actualiser cette forme. On peut définir le style comme l'expression historique d'une forme universelle. Les sciences de la culture, aussi bien que la philosophie des formes symboliques, doivent «extraire» cette forme universelle de ses expressions historiques et particulières, et ainsi nier le style qui détermine le particulier en tant qu'expression particulière. Et qu'en est-il de notre connaissance du particulier que nous sommes nous-mêmes? Bien que le savoir scientifique nous fournisse la forme universelle de notre existence, ce savoir reste pour nous un savoir vide. Ce qu'il nous faut connaître, si nous voulons nous connaître nous-mêmes, c'est l'expression historique de cette forme universelle, la forme vivante que nous avons appelée le style. Car «le style, c'est l'homme lui-même» comme disait Lacan[50]. Bien que l'histoire de l'homme, en tant qu'histoire du particulier, soit une histoire des styles, c'est l'art, comme on verra, qui nous rend «visible» la «forme vivante» de cette existence qui est la nôtre.

---

[50] J. LACAN, *Écrits* (Le champ freudien). Paris, Éditions du Seuil, 1966, p. 9.

CHAPITRE 6
*L'art —
l'œil de l'esprit et
la «tenue de la réalité»*

> Ce que j'essaie de vous traduire est plus mystérieux,
> s'enchevêtre aux racines mêmes de l'être, à la source
> impalpable des sensations[1].

Dès ses origines, l'homme a fabriqué de belles images et en
a orné sa personne et sa grotte. Rien ne peut être plus proche
de l'homme que ses images, si bien que l'art de fabriquer
l'image semble être la quintessence même de l'être humain:
là où se trouve l'homme, se trouve cet être qui se «contemple»
lui-même et son monde dans et par de belles images. L'art
occupe une place importante, voire centrale, dans la pensée
de Cassirer, et par là, dans le système des formes symboliques. Néanmoins, pour une raison ou une autre, Cassirer
n'a pas écrit le volume de *La philosophie des formes symboliques*
qui était prévu sur l'art en tant que «forme symbolique»[2]. Toujours est-il qu'en écrivant son *Un essai sur l'homme*, Cassirer
profita de l'occasion pour développer sa théorie de l'esthétique.

---

[1] J. GASQUET, *Cézanne*; cité par M. MERLEAU-PONTY, *L'œil et l'esprit*
(Folio/Essais). Paris, Éditions Gallimard, 1964.

[2] Cassirer écrit ceci: «Déjà dans la première ébauche de la philoso-
phie des formes symboliques un volume particulier pour l'art était prévu
— mais l'époque défavorable a toujours repoussé sa rédaction» (lettre à
Paul Schilpp datée du 13 mai 1942 et conservée au Library of Living
Philosophers Archive, Southern Illinois University, Carbondale; citée par
J.M. KROIS, *Cassirer: Symbolic Forms and History*. New Haven et Londres,
Yale University Press, 1987, p. 32 n. 92).

Dans une lettre adressée au philosophe américain Paul Arthur Schilpp, il écrit à ce sujet: «Il [*Un essai sur l'homme*] sera donc nouveau quant à son contenu puisque j'y donnerai pour la première fois une présentation détaillée de ma théorie de l'esthétique»[3]. Cependant, ce chapitre paraît — d'une façon qui est difficile à expliquer — inachevé, comme s'il n'était qu'une première ébauche[4]. Quelle qu'en soit la raison, la fonction spécifique de l'art comme forme symbolique n'a jamais été rendue tout à fait claire par Cassirer. Les remarques qui suivent ont pour but de mettre en évidence la nature précise et la fonction de l'art dans le système des formes symboliques[5].

La place de l'art dans Nous avons déjà vu qu'une forme
le système des formes symbolique tire son sens uniquement
symboliques de la place qu'elle occupe dans le système des formes et de sa relation avec les autres énergies spirituelles. Alors, quelle est la place de l'art dans le système des formes symboliques, et quelle est sa relation avec les autres formes? «En ce qui concerne son sens et son développement historique, écrit Cassirer, l'art est relié étroitement (*aufs engste verknüpft*) à toutes [les autres formes symboliques]»[6]. L'art semble, de par sa nature, être toujours au service des autres formes symboliques. Or, comme nous l'avons vu, la sphère de l'esprit est divisée intérieurement en deux dimensions fondamentales de signification qui s'excluent mutuellement: à savoir, le monde vécu de l'«expression» mythique, d'un

(3) *Ibid.*

(4) Cf. Introduction de D. VERENE in: E. CASSIRER, *Symboles, Mythe and Culture. Essays and Lectures of E. Cassirer, 1939-1945*, p. 21.

(5) Une analyse plus complète doit attendre la publication du volume sept de l'édition des écrits inédits de Cassirer, *Nachgelassene Manuskripte und Texte*, qui contiendra les notes sur l'art.

(6) *ECN*, I, p. 78.

côté, et le monde de la «signification pure» de la religion et
de la science, de l'autre. L'art se trouve, comme on le verra,
à la fois au cœur du monde vécu de l'«expression», et au
centre du renversement herméneutique qui libère l'esprit de
son rapport immédiat avec le monde vécu et est orienté vers
la constitution de la sphère de «signification pure».

La «tenue de la réalité»   Le monde vécu est composé de
trois formes initiales, à savoir, le langage, le mythe et l'art[7].
«Dès le début [l'art comme le langage] paraît appartenir
complètement à la sphère mythique; les images qu'il crée
n'existent pas pour elles-mêmes, mais sont entrelacées avec
une certaine intention magique. [...] La magie du mot et de
l'image se trouvent au centre de la vision magique du monde
(*magische Weltansicht*) [...]»[8]. Le langage et l'art sont «les
deux voies d'objectivation qui soulèvent la conscience au
niveau de l'intuition objective. Cette élévation est finalement
possible uniquement lorsque la pensée 'discursive' du langage et l'activité 'intuitive' de la vision et de la formation
artistique s'unissent afin de tisser ensemble la tenue (*Kleid*)
de la 'réalité'»[9], c'est-à-dire la texture sensible de la conscience
que l'intuition mythique prend pour le réel. Nous avons déjà
découvert comment le langage différencie et structure le flux
du contenu de la perception par un acte de désignation pho-
nique qui crée de divers centres de signification, pour établir
de la sorte un réseau de rapports entre les divers contenus de
la perception. Toutefois, ces divers «rapports» exigent une certaine «présence» sensible pour être «vus». Par exemple, même
si le langage donne un nom à un dieu, sans visage, sans figure
sensible, celui-ci resterait néanmoins invisible à l'œil humain:

(7) Cf. *LM*, p. 120/156.
(8) *ECN*, I, p. 78.
(9) *Ibid.*, p. 81.

donner une figure sensible et ainsi rendre les choses visibles, voilà la fonction essentielle de l'art. «La 'visibilité de la *nature*' est le vrai, voire le seul but de l'activité artistique»[10]. C'est par la forme esthétique que la nature, la «vie», mais aussi l'esprit, acquièrent leur «visibilité», sinon leur «réalité»[11].

> Cette «visibilité» (*Sichtbarkeit*), il faut le reconnaître, n'est ni un prédicat attribué aux choses comme telles, en tant que choses absolues, ni une simple possession d'une certaine donnée sensible, une certaine sensation optique ou perception. Elle requiert un acte de l'esprit, un acte de spontanéité. Les «choses» acquièrent une «figure» (*Gesicht*) parce que l'esprit la leur prête par une certaine sorte, ou une certaine direction, d'activité. Cette activité n'est rien d'autre que la représentation (*Darstellung*) artistique. Elle n'imite pas ce qui a été vu — mais plutôt, sa signification fondamentale et sa vraie réalisation consistent à transformer la simple sensation ou le ressenti engourdi en quelque chose de vu[12].

Par conséquent, d'un certain point de vue la conscience mythique n'a aucun contenu sauf celui qui lui est fourni par l'activité spirituelle du langage et de l'art. Parce qu'elle ne reconnaît pas l'image esthétique comme une image, la conscience mythique la méconnaît comme la présence concrète de la vie elle-même. Voilà la raison pour laquelle lorsque nous regardons une culture de l'extérieur tout ce que nous voyons c'est sa forme esthétique[13].

L'émancipation de l'esprit et   Comme nous l'avons vu, à ***la contemplation de la vérité***   un moment donné l'esprit embrasse une nouvelle attitude envers son monde vécu (*Lebenswelt*), envers sa propre expression objective. Cette

---

[10] *Ibid.*, p. 81.

[11] Cf. *PFS*, III, p. 53/46.

[12] *ECN*, I, p. 80.

[13] Il suffit de voyager à l'étranger, ou bien de regarder les étrangers qui viennent chez vous, pour trouver de nombreux exemples qui illustrent ce point.

nouvelle attitude de critique, qui entraîne un tournant herméneutique à l'intérieur de l'esprit, est paradoxalement pro-
voquée par ce même tournant et se manifeste par la présence
et l'activité de deux nouvelles formes culturelles: à savoir la
religion et la science. L'œuvre d'art occupe une place centrale
dans ce renversement herméneutique:

> Car c'est ici que le monde de l'image (*Bildwelt*) que l'esprit
> oppose au monde réel des choses acquiert pour la première fois
> une validité et une vérité qui lui sont purement *immanentes*.
> Ce monde ne tend pas vers quelque chose d'autre, il ne renvoie
> pas à autre chose; tout simplement il «est» et consiste en lui-
> même. Au-delà de la sphère de l'*effectivité* (*Wirksamkeit*), dans
> laquelle s'attarde la conscience mythique, et de la sphère de la
> *signification*, qui est le domaine du signe linguistique, nous nous
> trouvons maintenant dans un domaine dans lequel on se saisit
> de l'«être» pur, de l'essentialité qui est au cœur de l'image. À
> ce moment-là seulement le monde de l'image se constitue en
> cosmos fermé sur soi et en équilibre autour de son centre de gra-
> vité. C'est aussi à ce moment que l'esprit peut avoir avec ce
> monde des rapports véritablement libres. Le monde esthétique,
> mesuré aux critères de la vision «réaliste» des choses, devient le
> monde de l'«apparence», mais, dans la mesure où cette appa-
> rence abandonne toute relation avec la réalité immédiate, avec
> le monde de l'existence et de l'efficace dans lequel se meut aussi
> l'intuition magique et mythique, elle referme un progrès entiè-
> rement nouveau vers la «vérité»[14].

Ce n'est qu'une fois que l'image n'est plus méconnue comme
un fragment de la réalité substantielle, c'est-à-dire qu'elle est
reconnue comme une expression pure de l'énergie créatrice de
l'esprit, que l'esprit est libre d'embrasser cette nouvelle attitude de critique envers son propre monde vécu laquelle se
manifeste dans les projets respectifs de la religion et la science.
L'art se dénonce comme «illusion» ou «apparence» («*Schein*»)[15],

[14] *PFS*, II, p. 44/34.
[15] *Ibid.*, p. 305/311.

et introduit de la sorte une distinction entre l'image et la réalité à l'intérieur de la réalité. C'est dans l'espace qui s'ouvre entre les deux que l'esprit peut se contempler librement lui-même dans son image, et contempler la réalité au-delà de l'image.

> Cette libération ne s'accomplit pas parce que l'esprit se débarrasse de l'enveloppe du mot et de l'image, mais parce qu'il les utilise tous deux comme des organes et qu'ainsi il reconnaît que leur raison profonde est d'être des révélations de lui-même[16].

Cependant, l' «émancipation de ce cercle a lieu seulement graduellement et petit à petit»[17]. C'est la raison pour laquelle la religion et la science restent, dans leur développement historique, reliées étroitement à celui de l'art. «La religion et l'art sont très proches l'un de l'autre dans leurs effets purement historiques, ils s'interpénètrent de telle manière qu'il semble parfois impossible de les distinguer quant à leur contenu et quant au principe formateur qu'ils comportent: on a pu dire des dieux de la Grèce qu'ils devaient leur naissance à Homère et à Hésiode»[18]. Et en ce qui concerne le rapport entre la science et l'art, est-il besoin de rappeler au lecteur l'importance de la beauté pour les fondateurs de notre tradition philosophique occidentale? «Pour l'esprit grec, la beauté a toujours une signification entièrement objective. La beauté est la vérité; c'est un élément fondamental de la réalité. Si la beauté que nous sentons dans l'harmonie des sons peut être réduite à une simple proportion numérique c'est le nombre qui nous révèle la structure fondamentale de l'ordre cosmique»[19].

[16] *LM*, p. 122/158.
[17] *ECN*, I, p. 78.
[18] *PFS*, I, p. 23/13.
[19] *Essay*, p. 221.

La coupe de la tenue de l'être Bien que ce soit la religion et la science qui cherchent, chacune selon son orientation spécifique, à découvrir le logos (λόγος) qui ordonne le cosmos (κόσμος), c'est la force de l'imagination esthétique qui confère au λόγος sa présence sensible et donc sa «visibilité» en tant que κόσμος. L'art semblerait être non seulement un symbole, mais *le* symbole par excellence. On sait qu'étymologiquement le terme κόσμος signifie *arrangement* ou *ordonnance*, mais aussi *parure* ou *ornement*.

> *Cosmos* peut aussi être lu comme ornement, spécialement féminin, et de fait le mot «cosmétique» vient de *cosmos*. *Chrōs* (la peau ou la couleur) est le mot homérique pour le corps vivant, qui était compris comme une surface et comme le porteur de visibilité, la visibilité étant la garante de l'existence ou de l'être. Pour les Grecs, l'apparence était surface, avec le mot *epiphanei* employé pour les deux. Pour eux, lorsqu'une femme *kosmēse* (s'ornait), elle enveloppait sa *chrōs* dans une deuxième peau ou dans un deuxième corps afin de mettre en relief la surface vivante du corps ainsi habillé, et la faire apparaître. Si les femmes de la Grèce antique étaient essentiellement invisibles, le *cosmos* cosmétique les rendait visibles[20].

Comme nous l'avons dit: «La 'visibilité de la *nature*' est le vrai, voire le seul but de l'activité artistique»[21]. L'image esthétique «tisse [...] la tenue (*Kleid*) de la 'réalité'»[22], c'est-à-dire, la texture qui donne à la fois une présence sensible, une apparence, au réel, et qui confère un ordre interne à cette présence. Nous pouvons représenter celui-ci par la vie barrée: ✕. L'image esthétique de la croix ✕ signifie, comme nous l'avons déjà vu[23], le *templum* qui fournit l'image

---

[20] Indra Kagis McEwen, *Socrates' Ancestor. An Essay on Architectural Beginnings*. Londres et Cambridge, Massachusetts: MIT Press, 1993, pp. 43 sq.

[21] *ECN*, I, p. 81.

[22] *Ibid.*

[23] Voir p. 69.

primordiale (*Ur-Bild*) agissant comme l'archétype original (*Urbild*), la *Gestalt* formant et structurant l'architecture (*Baukunst*) de l'ouverture du monde, du κόσμος. L'œuvre d'art ouvre le κόσμος en fabriquant le *templum* (τέμενος), qui introduit un τεμ- (ce qui veut dire une *coupe*) à l'intérieur de l'être, et cette coupe établit une déchirure dans l'être (*Riss im Sein*), une déchirure entre l'image et le réel, entre le λόγος et le κόσμος..., mais une déchirure qui sépare et unit à la fois et qui n'aboutit jamais à une simple séparation sans rapport.

L'image esthétique, la tenue de l'être, fonctionne alors comme un voile qui enveloppe le réel et ainsi le rend visible. Un «voile», mot qui vient du mot latin *velum*, «rideau», est une étoffe qui cache ou enveloppe une ouverture, une figure, ou un corps. Mais que l'étoffe soit transparente ou non, le voilement (λήθη) est aussi un dévoilement (ἀλήθεια) de ce qui est voilé. Dès lors, le *templum* introduit la forme qui donne la limite extérieure, les contours ou la figure de la tenue qui voile et dévoile l'être et lui donne ainsi sa visibilité, mais aussi la forme de sa réalité en tant que présence sensible.

Les diverses attitudes de l'esprit envers la présence sensible   Or, cette présence sensible est regardée différemment par chacune des formes symboliques. Le mythe, comme nous le savons, voit dans cette présence sensible de l'image le réel lui-même, la réalité concrète du monde vécu. Ici, la forme du voile est pris comme la forme même de ce que le voile masque, que ce soit la figure, le corps ou la vie. «L'image ne manifeste pas la chose, elle *est* la chose»[24]. Du point de vue de la conscience mythique, l'activité de créer ces images est alors la venue de la présence même du réel. La danse cérémonielle, par exemple, «n'est pas un simple spectacle, une simple pièce, qu'exécute le danseur qui participe à un drame

[24] *PFS*, II, p. 60/51.

mythique: le danseur *est* le dieu, il *devient* le dieu»[25]. Là où
nous voyons une simple mise en scène, la conscience mythique
éprouve une rencontre avec la réalité même. Il y a une harmonie vécue et concrète entre la vie et les vivants, et c'est le
contour du voile, l'œuvre d'art, qui en fournit l'épreuve avec
sa forme et sa présence sensible. Mais c'est précisément cette
rencontre avec le réel, ou plus précisément avec sa forme sensible, que la science et la religion vont prendre comme point
de départ pour «contempler» la «vérité». À partir de la présence du *templum*, «l'augure effectue son observation du
ciel»[26]. Cette «orientation», à la fois «religieuse et théorique»,
rend manifeste l'intuition que «l'harmonie invisible est
meilleure que l'harmonie visible». Du point de vue de cette
«orientation», le *templum* délimite la région de l'être où l'être
advient pour se manifester, où l'être devient visible. Mais ce
dévoilement de l'être est accompli seulement par son voilement simultané: car l'apparence sensible devant la conscience
n'est plus tenue pour le réel lui-même, mais plutôt pour une
«expression» ou une «représentation» de ce réel — c'est-à-
dire, soit pour une révélation de l'Absolu, soit pour un exemple
particulier d'une loi générale. C'est ainsi que la religion et
la science contemplent, dans et par la présence sensible du
κόσμος, sa raison d'être, c'est-à-dire son Λόγος, qui la transcende. La forme visible du *templum* apparaît comme une
simple «apparence» sensible qui doit être distinguée de la
vraie forme qui se cache au-delà de telles «illusions».

La contemplation de   Bien que la science et la religion fixent
l'harmonie visible   leur regard sur «l'harmonie invisible»,
qui est «meilleure que l'harmonie visible», l'art se limite à la
«contemplation» de «l'harmonie visible». «Le vrai sujet de

[25] *Ibid.*, p. 61/52.
[26] *PFS*, II, p. 128/125.

l'art est [...] recherché dans certains éléments fondamentaux de notre expérience sensible elle-même — dans les lignes, les dessins, l'architectural, les formes musicales. Libre de tout mystère, ils sont manifestes et dévoilés; ils sont visibles, audibles, tangibles»[27]. L'artiste «est accaparé par la forme pure des choses; il intuitionne leur apparence immédiate»[28]. Mais «cette surface n'est pas donnée immédiatement. Nous ne la connaissons pas avant de la découvrir dans les œuvres des grands artistes»[29]. Encore une fois: «la 'visibilité de la *nature*' est le vrai, voire le seul but de l'activité artistique»[30], et elle accomplit cette tâche en «tissant la tenue de la réalité».

L'art en tant qu'harmonie parfaite de l'esprit   L'art se situe donc entre le monde mythique, d'un côté, et la religion et la science, de l'autre, fonctionnant comme une espèce de couloir entre les deux domaines de signification, c'est-à-dire entre la dimension de l'expression et celle de la signification pure. «Si on peut décrire le monde de l'*expression* et le monde de la pure *signification* comme les deux extrêmes entre lesquels se meut tout développement culturel, alors on atteint pour ainsi dire dans l'art à l'équilibre idéal entre ces deux extrêmes»[31]. Dans les autres formes symboliques l'un des deux pôles a tendance à dominer l'autre, et c'est précisément cette domination d'un pôle sur l'autre qui caractérise le mode spécifique de signification de chacune des formes symboliques. Dans le mythe, comme nous l'avons vu, c'est le pôle de l'expression qui l'emporte, dans la mesure où la sphère du mythe est comprise comme la sphère de l'expression même. La religion et la science tâchent, chacune selon sa

(27) *Essay*, p. 157.
(28) *Écrits sur l'art*, p. 141.
(29) *Essay*, p. 158.
(30) *ECN*, I, p. 81.
(31) «Forme et Technique», p. 97.

propre orientation, de construire une sphère de pure signification à travers une critique du monde vécu du mythe. La
religion tente de retourner au pur «courant de la vie» (*Lebens-
strom*)[32], qui est l'expression la plus pure, et elle l'accomplit
par une négation de toute représentation. Par contre, la
science tente de construire un système de pure représentation
par la négation de toute expression. Là où la religion veut établir une subjectivité pure au-delà de toutes les différenciations
linguistiques, afin d'entendre, pour ainsi dire, une voix qui
parle sans langue, la science veut établir une objectivité pure
au-delà de toute subjectivité, afin d'écrire, pour ainsi dire, une
lingua universalis sans voix. Cependant, la subjectivité absolue est au-delà du monde vécu de l'expérience humaine, de
même que les formules de la science sont dénuées de sens parce
qu'elles ne disent rien au sujet en tant qu'être existentiel. Dès
lors, la religion et la science doivent réinscrire dans leur centre
ce qu'elles ont marginalisé ou même nié. Le mystique doit
parler le langage du monde, doit retourner à la sphère de la
représentation, et par là à la dimension du mythe. Le scientifique lui aussi doit revenir à la sphère de la perception, au
langage du sujet, et donc à la perspective subjective du sujet
qui parle. L'opposition et la tension dialectique entre l'image
mythique et la conscience religieuse, d'un côté, et la perception linguistique et la conscience scientifique, de l'autre,
ne peuvent jamais être résolues. Car c'est précisément dans
et par cette tension dialectique entre les oppositions que
chaque forme se constitue: «chacune ne devient ce qu'elle est
qu'en manifestant sa force dans une lutte contre les autres»[33]
Parfois il semble que la force de l'expression emporte, et parfois il semble que c'est plutôt la force de la représentation qui
gagne. Mais en réalité, ni l'une ni l'autre ne pourront jamais

---

[32] *PFS*, III, p. 107/101.
[33] *Ibid.*, I, p. 23/13.

être vainqueurs. Le «conflit» est, comme l'a dit Héraclite, à l'origine de tout.

> Mais dans l'art, ce combat semble s'apaiser, et cette réconcilia-
> tion est l'un des ses privilèges essentiels et un de ses charmes les
> plus profonds. Nous ne sentons plus ici le conflit entre des ten-
> dances opposées. Tout nos pouvoirs et nos besoins différents
> semblent s'être fondus en une harmonie parfaite[34].

Nous avons vu que la représentation linguistique est une force «centrifuge» qui mène vers une séparation et une différenciation de l'être, alors que l'expression mythique est une force «centripète» qui tend vers le centre afin d'établir l'unité et l'identité de l'être. L'œuvre d'art est tout à la fois une force centrifuge et une force centripète. Elle «vise à la pure représentation dans la force de la pure expression, et vice versa»[35]. Ce n'est que par cette «harmonie parfaite» entre la force centrifuge et la force centripète, entre l'expression et la représentation, l'objet et le sujet, la forme et le contenu sensible, que l'art peut donner à la réalité sa visibilité. Sans cela, rien qu'on puisse rigoureusement nommer une présence ne serait possible. Car lorsqu'il y a une présence, il y a forcément une différenciation entre ce qui est présence, c'est-à-dire l'objet, et le «pour qui» de cette présence, c'est-à-dire le sujet. Mais il y a aussi une certaine unité entre les deux, car ils sont réunis dans et à travers l'événement de la présence même, où ils ne sont rien d'autre que les deux pôles idéaux et binaires de la même réalité. Or le pôle objectif de cette présence peut être compris comme la présence d'un dieu, d'une chose, d'un autre sujet, d'un mot, d'une équation, etc. Mais quel que soit le mode de la vision par lequel le sujet voit cette présence devant lui, il «voit» néanmoins une présence sensible, et il la voit parce que cette présence se fait voir. Encore une fois,

---

[34] *Écrits sur l'art*, p. 169.
[35] «The problem of the symbol…», p. 424.

«la 'visibilité de la *nature*' est le vrai, voire le seul but de
l'activité artistique»[36] et elle accomplit cette tâche en tissant
«la tenue (*Kleid*) de la 'réalité'»[37]. La coupe que l'art introduit à l'intérieur de l'être est telle qu'elle différencie et unifie
à la fois, qu'elle donne une forme sensible à cette harmonie
des oppositions. «Pour le dire en termes héraclitéens, nous
pouvons la nommer un ἕν διαφερόμενον ἑαυτῷ –'une unité
en elle-même distincte et divisée'»[38].

L'œil de l'artiste   Selon Cassirer, l'œuvre d'art n'est jamais
une copie d'une réalité objective, ni une simple expression
d'une réalité subjective. Cassirer s'exprime formellement
contre toutes les théories qui prennent l'œuvre d'art, soit
comme une «simple reproduction mécanique de la réalité»[39],
soit comme un «débordement des émotions et des passions»[40].
C'est pourquoi ni une «théorie onomatopéique» de l'art, ni
une «théorie interjectionnelle» ne peuvent rendre justice à
l'activité esthétique de l'artiste, car elles négligent l'élément
créateur du processus artistique lui-même[41]. L'œuvre d'art
«n'est ni une imitation des choses physiques ni un débordement des sentiments forts. Elle est une interprétation de
la réalité — non par les concepts, mais par les intuitions;
non par la médiation de la pensée, mais par celle des formes
sensibles»[42].

Or, d'un côté, cette interprétation n'est jamais une simple
«frénésie de l'artiste individuel»[43]. «L'imagination de l'artiste

(36) *ECN*, I, p. 81.
(37) *Ibid.*
(38) *Écrits sur l'art*, p. 170.
(39) *Essay*, p. 138.
(40) *Ibid.*, p. 140.
(41) *Essay*, p. 141.
(42) *Ibid.*, p. 146.
(43) *Ibid.*, p. 145.

n'invente pas arbitrairement les formes des choses. Elle nous les montre dans leurs vrais tracés (*shapes*), elle les rend visibles et reconnaissables»[44]. D'un autre côté, ce dévoilement des formes de la réalité dépend du «tempérament» particulier de l'artiste[45], si bien que «ces formes fondamentales *tiennent* (*stehen*) devant nous dans la réalité uniquement parce que l'œil de l'artiste les a *mises* (*geschickt*) là»[46]. C'est-à-dire que si dans la réalité on voit les formes, c'est parce que l'artiste les a rendues visibles par l'œuvre d'art. Dès lors, l'activité esthétique doit découvrir les formes pures des choses, créer la vision qui les rende visible, et exprimer cette vision dans une représentation objective qui la rende accessible et compréhensible au monde. Il est évident que tous ces éléments sont solidaires. Pour découvrir les formes pures des choses, il faut les voir, et pour les voir, il faut les découvrir.

> [Qui plus est] on ne discerne jamais aussi bien que dans le cas de l'activité artistique la vanité de toute tentative pour séparer l'acte de vision «intérieure» et celui de mise en forme «extérieure». Il est évident que la vision y *est* déjà formation (*Gestaltung*), comme la formation y *demeure* vision pure. D'autre part, l'«expression» ne s'ajoute jamais à un modèle intérieur tout prêt, comme quelque chose d'accessoire et de relativement accidentel; au contraire, l'image intérieure n'obtient un contenu qu'en s'unissant à l'œuvre et en s'extériorisant dans l'œuvre[47].

L'imagination artistique est une vision de «génie», une force de créativité radicale et par excellence[48]. C'est par la

---

[44] *Ibid.*

[45] *Ibid.*

[46] *ECN*, I, p. 77.

[47] *PFS*, III, pp. 54 sq./47.

[48] Cf. *Écrits sur l'art*, p. 169: le terme «génie» est réservé par Cassirer et par Kant aux grands artistes, parce que c'est seulement leur activité créative qui «produit l'harmonie parfaite et l'équilibre de toutes les différentes facultés de l'esprit».

vision de génie de l'artiste, par son «inspiration divine» (θεία
μανία)[49], que la réalité devient visible. Voir cette réalité revient
alors, comme l'a dit Goethe, à un «*Sehen mit Geistes Augen*»
(à un «voir avec les yeux de l'esprit»)[50].

> Une fois entrés dans sa perspective, nous sommes forcés de
> regarder le monde avec ses yeux. C'est comme si nous n'avions
> jamais vu le monde auparavant sous cette lumière particulière.
> [...] Par le fait du monde de l'art, [cette lumière] est devenue
> durable et permanente. Une fois que la réalité eut été dévoilée
> à nous de cette façon particulière, nous continuons de la voir
> sous cette forme[51].

Le rôle du spectateur   Le processus esthétique ne se termine
pas avec la production de l'œuvre d'art par l'artiste. Souvent,
il y a une certaine tendance à regarder l'œuvre d'art comme
une simple chose et non comme une activité. De ce point
de vue, la vraie activité serait limitée à celle de l'artiste, et le
spectateur est relégué à un rôle essentiellement passif. Mais
la signification de l'œuvre d'art est fermée au spectateur passif. La beauté de l'œuvre se trouve dans notre «susceptibilité
à la vie dynamique des formes, et cette vie ne peut pas être
appréhendée, sauf par un processus dynamique correspondant
en nous-mêmes»[52]. On ne regarde pas l'œuvre d'art comme
on regarde une simple chose physique[53]. L'œuvre d'art n'est
pas une chose, c'est une façon de voir, une vision pure qui
met la réalité à même de se faire voir. Le mot «spectateur»,
comme d'ailleurs le mot «spectacle», vient du latin *spectare*,
qui veut dire «voir» ou «apercevoir». Le spectateur doit entrer
dans le spectacle de l'artiste, il doit apercevoir le monde avec

---

[49] *Écrits sur l'art*, p. 168.
[50] *ECN*, I, p. 78.
[51] *Essay*, p. 146.
[52] *Ibid.*, p. 151.
[53] Cf. *Logique des sciences de la culture*, p. 124/43.

ses yeux, et il ne peut accomplir ceci qu'en suivant le même
processus créatif suivi par l'artiste lui-même: «le spectateur
d'une œuvre d'art n'est pas réduit à un rôle simplement passif. Pour contempler et pour jouir de l'œuvre d'art, il doit la
créer à sa façon. Nous ne pouvons comprendre ou sentir une
grande œuvre d'art sans, jusqu'à un certain point, répéter et
reconstruire le processus créatif par lequel elle a vu le jour»[54].
L'*œuvre* d'art n'est point un simple *objet* d'art, mais elle est
accomplie par l'imagination esthétique dans la *production* de
cet objet. Connaître une œuvre d'art n'est pas la même chose
que l'éprouver. La connaître, c'est la situer dans le monde en
tant qu'objet d'art. L'éprouver, c'est entrer dans son univers
et oublier celui auquel on appartient soi-même: c'est parti-
ciper à l'œuvre de sa construction. Nous ne pouvons découvrir la signification d'une œuvre d'art sans en même temps
la créer.

Les trois dimensions   À l'intérieur de l'œuvre d'art, Cassirer
de l'œuvre d'art   distingue «trois dimensions» qui déterminent la structure interne de son activité en tant qu'œuvre
d'art.

> Ces trois dimensions — qui sont celle de l'être-là physique,
> celle de ce qui est présenté objectivement (*Gegenständlich Dar-
> gestelltes*) et celle de l'expression personnelle (*Persönlich Aus-
> gedrückten*) —, sont les déterminations qu'implique tout ce qui
> n'est pas purement un «effet» (*Wirkung*), mais une «œuvre»
> (*Werk*) [...][55].

Dans l'œuvre d'art ces trois dimensions se déterminent
réciproquement et forment une seule réalité. Elles sont plutôt
trois façons de regarder la même réalité. Chaque œuvre d'art
possède un «être-là physique». Or cette présence physique ne

[54] *Écrits sur l'art*, p. 188.
[55] *Logique des sciences de la culture*, p. 124/43.

doit pas être comprise comme la matière brute qui sous-tend
l'existence de l'œuvre d'art. Bien que l'art doive commencer
avec une certaine matière brute, celle-ci est transformée par
l'œuvre de l'artiste dans l'étoffe avec laquelle l'artiste construit
son œuvre. L'étoffe est donc une matière formée: une ligne,
une ombre, une tache de couleur, un rythme, etc.[56] Bien que
la matière brute existe avant l'œuvre de l'artiste, l'étoffe
n'existe qu'à partir du moment où elle est formée. Dans la
matière brute, l'artiste voit la possibilité d'une forme qu'elle
peut prendre, et dans son œuvre il l'actualise. La forme dévoile
la matière brute comme l'étoffe formée. Elle est, pour ainsi
dire, le sens interne de l'étoffe de l'œuvre d'art.

Mais l'être-là physique de l'œuvre d'art doit être compris
aussi comme l'espace dans lequel l'œuvre qui forme l'étoffe
se réalise. L'être-là physique de l'œuvre d'art est littéralement
l'endroit, le lieu où le spectacle se produira — ou, plutôt, où
il est déjà en train de se produire. L'œuvre d'art fonctionne
alors comme le lieu où quelque chose peut être vu, et vu par
les yeux de l'artiste. Mais nous avons déjà dit que ce que
l'artiste voit, c'est la forme qui vit dans la matière brute et
que son œuvre d'art est une expression ou une extériorisation de cette intuition interne. De plus, nous avons dit que
cette intuition de la forme ne peut être séparée de son extériorisation dans l'œuvre d'art. Si, par exemple, la forme exprimée est celle d'une passion telle que la tristesse, la matière
brute est transformée dans l'étoffe de l'œuvre afin d'objecti-
ver la forme de la tristesse. Le sens interne de l'étoffe est
la forme même de la tristesse. Et l'œuvre d'art est le lieu où
nous pouvons rencontrer la tristesse, ou au moins sa forme.
«Les éléments formels [la mélodie, le rythme, etc.] ne sont
pas simplement les moyens externes ou techniques nécessaires à reproduire une intuition donnée; ils font partie de

[56] *Essay*, p. 154.

l'intuition artistique elle-même»[57]. Qui plus est, la forme de l'intuition de l'artiste est déterminée par le médium, l'étoffe, dans lequel il œuvre. Une expression esthétique est toujours une «expression d'un médium particulier»[58].

> Le mode d'expression particulier est à dire vrai déjà inhérent à la *conception* de l'œuvre d'art et pas seulement à la *technique* de son exécution. L'intuition de Beethoven est musicale, celle de Phidias est plastique, celle de Milton épique, celle de Goethe lyrique. Tout cela ne concerne pas seulement la face externe mais le noyau même de leur création. [...] Les deux moments [le facteur physique et le facteur psychique] sont alors si totalement fondus qu'on peut certes les séparer dans la réflexion, alors que pour l'intuition et le sentiment esthétiques ils constituent un tout indivisible. [...] cela signifie également que l'intuition esthétique est née en tant que musicale ou plastique, lyrique ou dramatique, si bien que les différences exprimées ici ne sont pas seulement des dénominations ou des étiquettes que nous mettons sur les différentes œuvres d'art, mais qu'elles correspondent à de véritables différences stylistiques, à différentes orientations de l'intuition artistique[59].

Chaque œuvre d'art est unique et différente. Et ce qui rend une œuvre unique est l'expression personnelle de l'artiste. Le dévoilement des formes de la réalité dépend, nous l'avons déjà dit, du «tempérament» particulier de l'artiste[60]. «Dans cette perspective, Goethe avait tout à fait raison de dire que le *style* repose sur les fondements les plus profonds de la connaissance, sur l'essence même des choses, dans la mesure où il nous est permis de le déchiffrer sous des formes visibles et appréhensibles»[61]. Lorsque nous entrons dans la perspective

---

(57) *Ibid.*, p. 155.
(58) *Écrits sur l'art*, p. 142.
(59) *Logique des sciences de la culture*, p. 214/120.
(60) *Essay*, p. 145.
(61) *Logique des sciences de la culture*, p. 110/31.

de l'œuvre d'art, nous commençons de voir le monde selon les yeux de l'artiste et donc selon sa façon de voir les choses. Ce qu'on voit est déterminé par la manière dont on voit les choses, et vice versa.

Résumons-nous. L'*œuvre* de l'artiste accomplit trois choses à la fois. D'abord, elle transforme la matière brute en une présence sensible formée qui fonctionne comme l'étoffe de l'œuvre d'art. Ensuite, elle forme cette étoffe en une unité différenciée qui possède une unité organique représentant une forme vivante soit de la nature, soit de l'esprit. Une œuvre d'art possède «une structure téléologique définie»[62]. Chaque ligne, chaque ombre, chaque tache de couleur, chaque rythme, etc. est situé dans le tout de l'œuvre, et tire son sens de sa place dans ce tout. Troisièmement, par cette œuvre de formation, l'artiste tente de rendre visible sa vision de la forme de la nature ou de l'esprit. Mais, répétons-le, cette vision qui est découverte dans et par l'œuvre d'art, n'est créée que dans et par le processus de formation même.

> Subjectif et objectif, sentiment et forme doivent s'interpénétrer, se fondre l'un dans l'autre pour que naisse une grande œuvre d'art. C'est la raison pour laquelle celle-ci ne peut jamais être une simple reproduction du monde subjectif ou objectif, du monde de l'âme ou du monde matériel; ce qui s'effectue en elle, c'est une véritable découverte de ces deux mondes [...][63].

Ce qui transforme la matière brute en étoffe, ce qui confère à cette étoffe son unité téléologique et rend la forme vivante de la réalité visible, c'est le style de l'artiste. Le style est, pour

[62] *Écrits sur l'art*, p. 185: «Un acteur [, par exemple,] dans un drame joue réellement son rôle. Toutes ses phrases, dans leur singularité, sont les parties d'une totalité structurelle cohérente — l'accent et le rythme de ses mots, la modulation de sa voix, le maintien de son corps, le mouvement de son visage, tout concourt à une même fin: à la représentation et à l'incarnation d'un personnage humain».

[63] *Logique des sciences de la culture*, p. 110/31.

ainsi dire, une forme universelle d'un être particulier. Il faut comprendre le style de l'artiste comme le style d'un style, parce qu'en dernière analyse, son style est toujours une expression individuelle du style de son temps, style qui est lui-même une expression historique du style d'une culture particulière, style qui est, en fin de compte, l'expression spécifique de la forme universelle de l'humanité. Toute œuvre d'art réunit tous ces niveaux dans une figure sensible selon le degré de sensibilité de l'artiste. C'est «le degré d'intensification et d'illumination qui est la mesure de l'excellence de l'art»[64]. Plus intense il est, plus éclairante, plus grande et plus universelle sera l'œuvre d'art. Dans chaque œuvre d'art on trouve le style de l'artiste; dans la plupart des œuvres d'art, on peut voir le style de l'époque historique dont elle fait partie; et dans certaines œuvres on trouve une belle expression du style d'une culture. Mais ce n'est que dans les plus grandes œuvres que l'on trouve une expression pure de la forme universelle de l'humanité elle-même.

La «catharsis» de l'âme   L'imagination esthétique introduit une ouverture dans laquelle l'être peut se faire voir. Quant à l'être de l'artiste, l'œuvre d'art fonctionne comme une catharsis de l'âme. Dans et par l'œuvre d'art, l'esprit se distancie de la réalité effective, sans pour autant rompre le lien avec cette présence concrète qui forme la texture ou la tenue du monde vécu. L'œuvre d'art fonctionne comme un miroir qui reflète les formes sensibles de la vie externe de la nature, en plus de la vie interne de l'esprit. «L'imitation de la nature et l'expression des sentiments sont les deux éléments premiers de l'art. Ils sont, pour ainsi dire, la matière dont est tissée l'étoffe de l'art»[65]. Cependant, le miroir est aussi une lumière.

---

[64] *Essay*, p. 148.
[65] *Écrits sur l'art*, p. 187.

L'art n'est jamais une simple copie. Lorsque nous contemplons les formes de nos passions dans l'œuvre d'art, elles sont transformées et chargées d'un nouveau sens. Dans l'image esthétique, nous nous trouvons en face de notre réalité concrète, mais nous ne sommes plus soumis à la force de cette réalité.

> [...] l'image d'une passion n'est pas la passion elle-même. Le poète qui représente une passion ne nous contamine pas avec cette passion. Dans une pièce de Shakespeare, nous ne sommes pas infectés par l'ambition de Macbeth, ni par la cruauté de Richard III, ni par la jalousie d'Othello. Nous ne sommes pas à la merci de ces émotions; nous regardons à travers elles; nous semblons pénétrer dans leur nature et dans leur essence même[66].

Cassirer caractérise cette contemplation en renvoyant à la théorie d'Aristote de la «catharsis». La catharsis de l'âme n'est ni «une purification» ni «un purgatif» de nos émotions. On dirait plutôt qu'«elle signifie que nos émotions elles-mêmes sont devenues un élément de notre vie active et non plus de notre vie passive. Elles sont élevées à un nouvel état»[67]. À travers leur expression dans l'œuvre d'art, nous pouvons adopter une nouvelle attitude envers les passions qui constituent notre vie interne. Certes, nous les éprouvons toujours, mais nous ne sommes plus dominés par elles. Nous trouvons ici une harmonie entre la sphère concrète et immédiate de l'expression mythique, d'un côté, et la sphère de la représentation, de l'autre.

> Car ce qu'Aristote recherche comme effet de la tragédie, c'est une synthèse de deux instants, qui dans la vie réelle, dans notre existence de tous les jours, s'excluent mutuellement. L'intensification la plus élevée de notre vie émotionnelle est perçue comme si en même temps elle nous donnait un sentiment de tranquillité. Nous vivons au travers de toutes nos passions, en

---

(66) *Essay*, p. 147.
(67) *Écrits sur l'art*, p. 187.

en ressentant toute la palette et les tensions les plus extrêmes. Mais ce que nous laissons derrière nous lorsque nous franchissons le seuil de l'art, c'est la dure pression, la pulsion de nos émotions[68].

Cette «liberté esthétique» n'est pas, cependant, une apathie stoïque. Il ne s'agit pas d'une attitude d'indifférence, mais plutôt d'une attitude d'acceptation. Cependant, comme on le sait, entre la tragédie et le comique il n'y a qu'un seul pas. Lorsque nous regardons les choses avec une certaine distance, nous sommes frappés par l'absurdité de notre existence. Nous voyons que nous ne sommes qu'une image de nous-mêmes, une simple marionnette actionnée par nos émotions internes, qui nous font jouer notre rôle dans le spectacle que nous appelons la vie. La tragédie est qu'il n'y a rien à faire, c'est comme ça, une petite plaisanterie de la vie.

Nous ne sommes peut-être jamais aussi près de notre monde d'humains que dans les œuvres d'un grand auteur comique — le *Don Quichotte* de Cervantès, *La vie et les opinions de Tristram Shandy* de Sterne, ou *Les aventures de M. Pickwick* de Dickens. Nous devenons spectateurs des détails les plus infimes; nous voyons ce monde dans toute son étroitesse d'esprit, sa petitesse, son imbécillité. Nous vivons dans ce monde limité, mais nous n'en sommes plus les prisonniers. Tel est le caractère spécifique de la catharsis cosmique. Les choses et les événements commencent à perdre de leur poids matériel; le mépris se dissout en rire, et le rire est libération[69].

On sera surpris de voir jusqu'à quel point Cassirer prétende qu'il faut garder le sens de l'humour:

La forme d'humour qui domine ici doit se tenir dans la proximité immédiate de la souffrance, voire de la mort[70].

---

[68] *Essay*, p. 148.
[69] *Ibid.*, p. 150.
[70] *Die Platonische Renaissance in England und die Schule von Cambridge*, p. 124.

CONCLUSION
L'unité de la pensée de Cassirer
et la métaphysique des formes symboliques

> Lorsqu'au bout du long chemin que nos réflexions
> ont parcouru, nous regardons en arrière afin de
> comparer et d'unifier les multiples aspects qui se
> sont présentés d'eux-mêmes à nous dans les dif-
> férentes étapes de notre voyage, même *la tentative*
> d'une telle unification rencontre une difficulté
> qui est due à la problématique et à la méthode de
> notre investigation elle-même[1].

Le problème de l'unité de Notre lecture de la philosophie
la philosophie des formes des formes symboliques a consi-
symboliques déré chacune des diverses formes
symboliques selon sa propre structure et sa fonction spécifique dans la constitution de la sphère de culture. Nous
devons maintenant revenir au problème de la nature de leur
unité.

Une unité éthique de fonction

De la substance à la fonction Nous avons vu que dès le
début, Cassirer définit la philosophie des formes symboliques
comme une philosophie de la fonction par opposition à la
métaphysique substantialiste de la tradition. Ainsi il continue le tournant néo-kantien de la substance à la fonction en

(¹) *ECN*, I, p. 3.

l'étendant à la sphère de la culture humaine. Cette primauté de la fonction sur la substance devient maintenant le mécanisme par lequel Cassirer tentera d'expliquer l'unité des formes symboliques en tant que système. Car, d'après Cassirer, la différence entre les diverses formes culturelles doit se transformer en une antinomie, voire une contradiction irréconciliable, si elle est comprise à la façon de la métaphysique ancienne. Selon cette manière de voir, chacune des formes culturelles deviendrait l'expression d'un «être» statique. Donc, plutôt que de regarder ces formes «objectivement», il faut les considérer d'un point de vue «subjectif», qui les comprend comme les diverses expressions de la *même* énergie spirituelle de l'esprit humain.

> Les métaphysiques anciennes, aussi bien que le positivisme psychologique, qui est parti d'un «être» sans équivoque (celui du «monde» ou des simples «sensations»), s'enchevêtraient encore et encore dans des contradictions insolubles et des antinomies quant à l'*interprétation* de ce soi-disant être. Les différentes vues du monde (par exemple, celle de la «connaissance» et celle de la foi, celle de la «religion» et de la science, de l'expérience et de la métaphysique, etc.) se contredisent elles-mêmes. Et pourtant chacune d'elles prétendait donner et représenter l'être unique et vrai (*das Eine, wahre Sein*)!
> Ces contradictions ne peuvent être résolues tant qu'on se cramponne à un être comme un *point de départ certain et sans équivoque (Sein als eindeutig gewisser Ausgangspunkt)* [2].

Mais ici il y a une sortie à ce problème: «'subjectif plutôt qu'objectif'». Ce qu'il faut chercher n'est pas l'unité de «la» chose, l'objet absolu, mais plutôt l'unité de l'*esprit*, de l'*énergie* spirituelle dans toute la diversité des «formes symboliques» [3].

[2] *Ibid.*, p. 262.
[3] Cf. *ibid.*

De la fonction à la liberté «Voilà ce que la philosophie des formes symboliques peut donner et accomplir!» conclut Cassirer. Mais l'«idéalisme symbolique» de Cassirer se distingue-t-il vraiment de la «métaphysique réaliste» dans la mesure où il «*ne part pas de la simplicité de la chose (de la substance), mais de l'unité de la fonction*», échangeant ainsi seulement une «origine commune» (*gemeinsamer Ursprung*) de la signification humaine pour une autre[4]? Le «renversement» cassirerien est plus radical qu'il pourrait sembler à première vue, dans la mesure où pour Cassirer, l'esprit ne peut pas saisir son identité *comme* son origine, *comme* son ἀρχή, mais seulement comme son but dans l'avenir, son τέλος. La quête de l'unité (métaphysique) et l'origine de l'esprit se transforme ainsi en une tâche (éthique). Pour Cassirer, la métaphysique devient éthique. Comme Socrate, Cassirer demande,

> non (métaphysiquement) d'où (*woher*) tout cela — mais il demande (éthiquement) «vers quelle fin» («*Wozu*»), [il demande quel est] l'εἶδος comme τέλος[5].

La multiplicité des différentes formes culturelles n'est plus conçue *négativement* comme une «distanciation» par rapport à l'unité de l'origine, mais plutôt comme un moyen qui permet à l'esprit de constituer son identité par et dans son mouvement vers son avenir[6]. En outre, l'idéal n'est plus de surmonter la multiplicité des formes culturelles dans quelque

(4) *Ibid.*, p. 263.

(5) *Ibid.*, p. 127.

(6) Dans la *Logique des sciences de la culture*, Cassirer écrit avec un air approbateur à propos de Herder que «sous la forme ultime que revêt dans les *Ideen* (*Idées*) sa philosophie de l'histoire et de la culture, la totalité visée n'est plus derrière nous mais devant nous. Cela déplace entièrement l'accent de sa théorie. Car, désormais, la différenciation des forces spirituelles n'est plus considérée purement et simplement comme une trahison de l'unité première et une sorte de péché originel de la connaissance, mais acquiert une valeur et un sens positifs» (*Logique des sciences de la culture*, p. 87/11).

temps futur afin de reconstituer une simple unité. En effet, l'identité de l'esprit n'*est* rien d'autre que la conscience de sa multiplicité pendant qu'il se différencie dans l'action.

> En ce qui concerne l'unité de l'*action* ainsi comprise, la multiplicité des vues symboliques possibles n'est pas opposée et hostile: mais elle constitue plutôt pour elle le *corrélatif* nécessaire. Ce n'est que dans la multiplicité (*Mannigfaltigkeit*) des directions symboliques que l'unité (*Einheit*) de l'esprit — non comme une simplicité substantielle (*substantielle Einfachheit*), mais comme une multiplicité fonctionnelle (*funktionale Mannigfaltigkeit*) — se représente elle-même. L'esprit est un (*eins*), dans la mesure où dans la multiplicité des diverses directions d'action il devient conscient de son *identité* (comme action en général)[7].

Il n'y a pas d'«unité» ou d'«identité» pour l'esprit — sauf imaginaire — dans laquelle la multiplicité des formes culturelles pourrait être défaite, réduite à une simplicité, ou transcendée absolument. L'identité, c'est la *connaissance* de la différence *irréductible*; la transcendance, c'est la *réalisation* que l'esprit est inextricablement immanent à la multiplicité des formes culturelles. Comme Cassirer le dit dans la *Logique des sciences de la culture*: «la formule hégélienne, selon laquelle celui qui *connaît* une limite la franchit par là-même, revêt ici tout son sens. La prise de conscience est le début et la fin, l'alpha et l'oméga de la liberté accordée à l'homme; la découverte et l'acceptation de la contrainte représentent le véritable processus de libération à l'égard de la 'nature' que l''esprit' doit mener à bien»[8]. Ainsi, tout le processus de la différenciation de l'esprit, et la conscience de soi *en tant que* différenciée qui en découle, peuvent être interprétés comme l'auto-libération de l'esprit. En d'autres mots, le « *Wozu*», le τέλος qui constitue l'unité du système des formes symboliques,

---

(7) *ECN*, I, p. 263.
(8) *Logique des sciences de la culture*, pp. 102 sq./25.

est la liberté: «La culture humaine prise comme un tout peut être décrite comme un processus de l'auto-libération progressive de l'homme»[9]. Ou, dans les mots d'un texte du quatrième volume inachevé:

> L'accomplissement (*Leistung*) authentique et le sommet de chaque «forme symbolique» consiste en ceci, qu'avec ses propres moyens et selon sa propre direction particulière, elle contribue à ce but: la transition de la sphère de la «nature» à celle de la «liberté»[10].

Une unité intérieurement différenciée et dynamique

La dialectique entre la vie et l'esprit   L'unité des formes symboliques n'est pas, comme nous l'avons vu dans la section précédente, une «simple» unité (*Einfachheit*); non une unité substantielle, mais une unité fonctionnelle; non une unité de l'origine, mais une unité de la fin: du τέλος et du «*Wozu*»; ce n'est pas une unité au sens de la métaphysique traditionnelle, mais plutôt une unité conçue en termes de tâche éthique. Ou, dans la terminologie néo-kantienne que Cassirer emploie ailleurs dans son œuvre, ce n'est pas quelque chose de *gegeben*, mais une *Aufgabe*[11]. Considérons maintenant de plus près la nature de cette unité éthique, fonctionnelle et téléologique des formes symboliques.

Nous avons déjà vu que les formes symboliques ne trouvent leur unité que dans leur fonction de médiation du mouvement de la «nature» à la «liberté». En d'autres mots, si nous voulons expliquer l'unité des formes symboliques, il faut que nous nous lancions dans une investigation sur ce que Cassirer appelle le problème de «l'esprit et de la vie». Ce problème est

---

[9] *Essay*, p. 228.

[10] *ECN*, I, p. 109.

[11] Cf. par exemple, *Logique des sciences de la culture*, p. 108/30.

bien sûr la question fondamentale abordée dans la phénoménologie de l'esprit de Hegel, laquelle décrit le mouvement
de la «substance» au «sujet». D'après Cassirer, le rapport
entre la vie et l'esprit se trouve aussi au cœur de la discussion philosophique de son temps, une discussion que Cassirer interprète comme une lutte entre une philosophie de la
«vie» (*Lebensphilosophie*) et une philosophie de l'«esprit»[12].
Le projet de Cassirer doit donc être compris dans le contexte
de son attitude envers Hegel et envers le mouvement philosophique des premières décennies de ce siècle.

Il est intéressant de constater que la tentative de Cassirer pour
établir l'unité des formes symboliques dans le quatrième volume
inachevé de *La philosophie des formes symboliques* coïncide avec
de nouvelles réflexions sur la problématique de la «vie»: car
dans les trois premiers volumes on trouve que la dialectique
entre la vie et l'esprit n'est point abordée. Il est donc raison-
nable de suggérer que c'est seulement après avoir repensé plus
profondément le projet de la philosophie des formes symboliques à la lumière de cette dialectique que Cassirer a pu avan-
cer vers une unification du système des formes symboliques.

Entre Hegel et Heidegger D'après la critique cassirerienne
de Hegel, d'une part, et de philosophes contemporains comme
Bergson, Scheler et Heidegger, d'autre part, il y a dans le
traitement du problème des rapports entre la vie et l'esprit
une tendance à privilégier l'un des deux. La métaphysique
de Hegel devait s'«effondrer»[13] parce qu'en dernière analyse,
la nature y finit par être absorbée dans l'idée[14]; mais un

---

(12) Cf. «'Geist' und 'Leben'», p. 33: «Aujourd'hui à nouveau, la grande
antithèse de la 'nature' et de l'esprit', la polarité de la 'vie' et de la 'connaissance', menace au centre même de la spéculation philosophique et paraît
être immanent à lui [...]».

(13) *ECN*, I, p. 159.

(14) Cf. *Logique des sciences de la culture*, p. 114/35.

philosophe comme Heidegger commet l'erreur opposée en pré-
tendant que, lorsque le *Dasein* s'éloigne de l'«immédiateté»
de la vie, il tombe d'un mode d'existence authentique dans
le mode de l'inauthenticité de l'On (*Man*)[15]. C'est pourquoi
pour Cassirer, la question sera de savoir comment la «*transcendance* de *l'Idée* peut être conciliée avec l'*immanence* de la
vie»[16], sans, comme Hegel, réduire la vie à l'esprit ou, comme
Bergson, Heidegger et quelques autres, nier la valeur intrinsèque de l'esprit. Cassirer, dans sa façon caractéristique, ne
rejette complètement ni la philosophie hégélienne de l'esprit
ni la philosophie heideggerienne de la vie .

Le «Zug zur Idee»   D'après Cassirer, la vie n'est pas simplement l'«autre» de l'esprit, mais elle porte l'esprit à l'intérieur d'elle-même — de telle façon que la négation de la vie
dans l'esprit, ou dans l'«idée», est une négation à l'intérieur
de la vie elle-même:

> Comment expliquer que la vie suit le modèle (*Vorbild*) mis
> devant elle par l'idée — s'il ne se trouve pas dans la vie elle-même
> une «tendance immanente vers l'idée» («*Zug zur Idee*») […]?
> Après tout, la vie n'est-elle pas quelque chose d'autre et quelque
> chose de plus qu'une simple pulsion dans l'indétermination et
> l'accidentel — n'existe-t-il pas originellement à l'intérieur de la
> vie elle-même une volonté d'atteindre sa propre auto-représen-
> tation (*Selbstdarstellung*), sa propre auto-objectification, sa propre
> «visibilité»[17]?

Cassirer nous explique dans le troisième volume de *La
philosophie des formes symboliques* que «la vie ne peut se *saisir*
elle-même (*Selbsterfassung*) que si elle ne se *contente* pas de

[15] Cf. *ECN*, I, pp. 219 sq.
[16] «'Geist' und 'Leben'», p. 42.
[17] *Ibid.*, pp. 43 sq.
[18] *PFS*, III, p. 53/46.

demeurer en soi. Il lui faut se donner forme; car c'est justement dans cette 'altérité' (*Andersheit*) de la forme, et uniquement en elle, qu'elle conquiert, sinon sa réalité (*Wirklichkeit*), du moins sa 'visibilité' (*Sichtigkeit*)»[18]. Néanmoins, par son extériorisation, par son geste vers l'autre, la vie reste, d'un certain point de vue, en soi, dans la mesure où elle contient à l'intérieur d'elle-même le «*Zug zur Idee*». De la même façon, l'esprit n'est pas la simple négation de la vie, mais possède une tendance intrinsèque à se tourner contre lui-même dans un mouvement vers la vie. C'est pourquoi Cassirer écrit que parce que la vie «n'a pas d'autre langage que celui prêté par l'esprit, […] là où elle est appelée à témoigner contre l'esprit, ce dernier est en vérité toujours l'assaillant et l'accusé, le plaideur et le juge tout à la fois. Le vrai drame se passe non entre la vie et l'esprit, mais au milieu de la sphère propre de l'esprit, voire en son centre même»[19]. Ces mouvements — le mouvement de la vie vers l'esprit, qui est un mouvement de la vie vers sa propre vérité, et le mouvement de l'esprit à la vie, qui est un processus par lequel l'esprit vient à lui-même — sont médiatisés par les formes symboliques. En effet, celles-ci ne sont rien d'autre que l'«entre-deux» (*Zwischenreich*) qui unifie les deux pôles[20]. Mais elles sont aussi ce qui constitue ces deux pôles en premier lieu comme le mouvement par lequel la vie et l'esprit extériorisent leur «autre» interne, se fendant ainsi à l'intérieur d'eux-mêmes et se séparant l'un de l'autre. Que la vie et l'esprit sont l'intériorité l'un de l'autre, ne peut paraître que paradoxal, sinon contradictoire. Cependant il est inéluctable que toute tentative pour exprimer la façon dont les formes symboliques «créent» l'opposition binaire entre la vie et l'esprit — alors qu'elles ne sont rien d'autre que le rapport «entre» eux — doive finir en antinomies; car il s'agit d'une tentative pour

---

[19] «'Geist' und 'Leben'», p. 54.
[20] Cf. *ibid.*, p. 51.

exprimer en termes de contraires binaires et de métaphores spatiales (lesquels constituent la nature du langage), l'«origine» de ces *mêmes* contraires binaires — ce qui n'est possible, s'il l'est, que par un mouvement subversif qui tourne le langage contre lui-même. Comme Cassirer l'écrit:

> Ainsi, la grande «crise», ce *processus* de séparation par lequel le monde de l'esprit vient originellement à l'existence, ne peut être élucidée par aucune comparaison spatiale, par aucun «ici» ou «là», aucun «intérieur» ou «extérieur». Le langage de l'image d'espace nous entraîne ici inévitablement dans des apories et des antinomies: chaque formulation que nous essayons avec lui se transforme en son contraire. Le monde de l'esprit n'est pas plus «immanent» au monde de la vie qu'il ne lui est «transcendant» — il ne reste pas plus accroché «en» lui qu'il ne se lève «au-dessus» de lui. Car cette dualité (*Doppelheit*) de l'«intérieur» et de l'«extérieur», de l'«au-dessus» et de l'«en-dessous» n'est pas quelque chose qui existe en soi, qui est simplement donné, mais il est un aspect spirituel (*geistiger Aspekt*): il n'existe que pour le «point de vue» (*Blickpunkt*) de l'esprit. Parce que ce point de vue n'est pas établi en soi, parce que chaque direction de vision contient la possibilité de son propre revirement, la possibilité de la «réflexion» — [c'est pourquoi] pour nous, en tant que sujets spirituels, ce dédoublement (*Zwiespältigkeit*) peut survenir et exister. Cette dualité apparente, la déchirure dans l'«être» (*Riss im «Dasein»*) n'est rien d'autre en vérité que la conséquence de cette dualité nécessaire de «vision» (*Sicht*). Celle-ci signifie que la vie, sans avoir déchu d'elle-même, sans être simplement venue «hors d'elle-même», est devenue transparente à elle-même, est devenue *objective* (*gegenständlich*) à elle-même. Dans ce mouvement du simple être-en-soi (*An-Sich-Sein*) à l'être-pour-soi (*Für-Sich-Sein*), chaque forme symbolique individuelle collabore à sa façon et avec ses moyens, et c'est par elle que cette façon nouvelle, ce mode particulier de *conscience* (*Bewußtheit*) qui se représente lui-même dans l'homme est maintenant atteint, et avec lui les formations objectives de la culture[21].

(21) *ECN*, I, pp. 59 sq.

Si les formes symboliques sont les moyens de la transformation, *à l'intérieur* de la vie, de la vie dans l'esprit — les
moyens, en d'autres mots, de «la déchirure originale de l'être
à l'intérieur de lui-même» (*ursprüngliche Entzweiung des Seins
in sich selbst*)[22] par laquelle la contrariété binaire entre la vie
et l'esprit qui existe de façon indifférenciée à l'intérieur de la
vie, se déploie et se différencie sans simplement néantiser
l'unité de la vie —, alors l'unité de la multiplicité des formes
symboliques n'est rien d'autre que l'unité différenciée-indifférenciée de la vie et de l'esprit eux-mêmes.

L'unité de la vie, de   Essayons d'éclairer davantage ce dif
l'esprit et des formes   ficile rapport d'identité et de diffé
symboliques   rence entre la vie, l'esprit et les formes
symboliques en utilisant une ancienne métaphore métaphysique[23]. Pensons à un rayon de lumière illuminant une
spirale de fumée. Sans l'opacité de la fumée, le rayon de
lumière resterait invisible; mais sans l'illumination qui provient de la lumière, la fumée aussi resterait invisible. Car ce
n'est que dans et par la fumée que la lumière se donne une
forme et que par cette forme elle gagne «sinon sa réalité, du
moins sa visibilité». D'un autre côté, la fumée elle-même,
qui donne une forme à la lumière, manquerait également de
présence sans l'illumination provenant de la lumière. Or ni
la fumée ni la lumière ne sont la présence lumineuse elle-
même; la présence lumineuse en tant qu'effet réciproque de
la fumée et de la lumière possède une réalité que ni la fumée
ni la lumière ne peut réclamer. Néanmoins, cette présence
n'est rien «sans» ou «au-delà de» la fumée et la lumière.

---

[22] «'Geist' und 'Leben'», p. 35.

[23] Cette métaphore fait l'objet de l'étude de K. HEDWIG, *Sphaera
Lucis. Studien zur Intelligibilität des Seienden in Kontext der mittelalterlichen Lichtspekulation* (Beiträge zur Geschichte der Philosophie und Theologie des Mittelalter, N.F. 18). Münster, Aschendorff, 1980.

Maintenant, si l'on comprend la lumière comme représentant la vie, la fumée comme représentant les formes symboliques et la présence lumineuse comme représentant l'esprit, on voit que la visibilité de la vie se manifeste dans et par les formes symboliques, qui lui donnent une forme et une présence, et que la présence de la vie elle-même n'est rien d'autre que l'esprit. On a maintenu précédemment que «l'unité de la multiplicité des formes symboliques n'est rien d'autre que l'unité différenciée-indifférenciée de la vie et de l'esprit eux-mêmes». En termes de notre nouvelle métaphore, la fumée unit et différencie la lumière et sa présence lumineuse: elle les unit, dans la mesure où c'est seulement dans et par la fumée que la lumière gagne son existence visible; mais c'est seulement dans et par la fumée que se présente la possibilité de distinguer la lumière «en soi» de cette existence visible. Cependant, il faut noter que les formes symboliques sont fondamentalement différentes de la fumée de notre métaphore par un aspect important: à savoir qu'elles ne possèdent aucune existence indépendamment de l'effet réciproque entre la vie et l'esprit. Ceci complique les choses à tel point que le rapport entre les trois ne peut plus être exprimé par des concepts, mais seulement contemplé. Est-ce pour cette raison que Cassirer a élaboré un autre modèle dans le quatrième volume de *La philosophie des formes symboliques* pour expliquer le rapport entre la vie et les formes symboliques?

La dialectique des *Urphänomene*

Urphänomene: *le «point focal»* Notre analyse de la ques
de la philosophie de Cassirer tion concernant l'unité
des formes symboliques nous mène à considérer la réflexion
de Cassirer sur la notion goethéenne d'*Urphänomene*, ou

«phénomènes fondamentaux». Les *Urphänomene* et le rôle important qu'ils semblent jouer dans la pensée de Cassirer après 1930 ont été l'objet d'une attention considérable dans la littérature récente: l'éditeur du quatrième volume de *La philosophie des formes symboliques*, John M. Krois, a même soutenu que la doctrine des *Urphänomene* constitue la découverte la plus importante dans les manuscrits inédits de Cassirer pour le quatrième volume. D'après Krois, la philosophie des formes symboliques trouverait même son «point focal» dans cette doctrine![24] Néanmoins, il est difficile de répondre à la question de savoir comment précisément les *Urphänomene* unifient la pensée entière de Cassirer et comment ils résolvent le problème complexe de l'unité des formes symboliques. Irene Kajon, dans son article intitulé «Le problème de l'unité de la conscience dans la pensée d'Ernst Cassirer», écrit que «le thème du rapport entre le Moi et le Toi dans le véhicule du langage et les autres formes culturelles, thème développé par Cassirer dans la phase tardive de sa pensée au cours de ses polémiques contre la *Lebensphilosophie*, n'a jamais été lié par lui à son concept de l'unité de la conscience»[25]. Or le «rapport entre le Moi et le Toi dans le véhicule du langage et les autres formes culturelles» est précisément le thème de la doctrine des *Urphänomene*. Malgré les difficultés à déterminer le statut et la fonction de cette doctrine dans le tout de la pensée de Cassirer, tâchons de montrer comment l'unité

---

[24] Cf. *ECN*, I, p. *xi*: «Zugleich erfährt Cassirers Darstellung seiner eigenen Philosophie hier eine Vertiefung: mit der Lehre von den *Basisphänomenen* versucht er, der 'Philosophie der symbolischen Formen' den Rahmen und den Mittelpunkt zu geben, den sie bis dahin — selbst im systematischen dritten Band — nur ansatzweise erhalten hatte».

[25] I. KAJON, «Das Problem der Einheit des Bewußtseins im Denken Ernst Cassirers», in: H.-J. BRAUN, H. HOLZHEY et E.W. ORTH (éds), *Über Ernst Cassirers Philosophie der symbolischen Formen* (Suhrkamp Taschenbuch Wissenschaft, 706). Francfort sur le Main, Suhrkamp, 1988, p. 265.

des formes symboliques s'exprime dans le jeu entre les trois «phénomènes fondamentaux», à savoir le Moi, le Toi et le Ça.

Le Moi, le Toi et le Ça   Le premier des trois phénomènes fondamentaux distingués par Cassirer (suivant Goethe) est la «vie» ou le «Moi». Ce «courant de la conscience»[26] avec son mouvement «centripète» est une «monade» qui embrasse la totalité du présent, du passé et de l'avenir[27]. Cependant, «la 'monade' en tant qu'individu *isolé* est une abstraction»[28]. Elle doit se tourner vers l'«extérieur»[29]. Dans ce mouvement décentrant «action» et «amour»[30], le Moi découvre la «*résistance*» (*Widerstand*)[31] du monde extérieur, et dans cette connaissance de la résistance naît la conscience de l'«objet» comme *Gegen-Stand*[32] — dans le sens étymologique de quelque chose qui «se met contre et en face de» la monade du Moi. Or ce *Gegen-Stand* est originellement éprouvé comme un «Toi» (*Du*), et non comme un «Ça» (*Es*)[33]. C'est pourquoi le deuxième *Urphänomen* peut être appelé le «Toi»[34]. Reste la question de savoir «comment nous devenons connaissables aux *autres*» (*Wie werden wir andern kenntlich?*)[35]. Ce n'est pas, dit Cassirer, «par *nous-mêmes*, par ce que nous vivons ou sommes, mais par l'*objectivisation*, par l'''œuvre' (*Werk*) que nous créons»[36]. Par cette œuvre, le Moi entre

[26] *ECN*, I, p. 223: «stream of consciousness». La citation est en anglais et vient de W. James (voir la note de l'éditeur à la p. 337).

[27] Cf. *ibid.*, pp. 123 sq. et 133 sq.

[28] *Ibid.*, p. 134.

[29] *Ibid.*, p. 124.

[30] *Ibid.*

[31] *Ibid.*, p. 134.

[32] *Ibid.*

[33] *Ibid.*, p. 135.

[34] *Ibid.*, p. 137.

[35] *Ibid.*, p. 125.

[36] *Ibid.*

dans un «ordre» nouveau qui obéit à des «critères objectifs»[37]. Cet ordre de la culture objective peut être éprouvé par le Moi comme une «contrainte»[38] du courant informe de sa conscience et, en effet, comme un facteur d'«aliénation» (*Ent-Fremdung*)[39]. D'ailleurs, son œuvre transcende, d'une façon ou d'une autre, le Moi et échappe à sa maîtrise. Ce que son œuvre signifie et «est» n'est plus maintenant une affaire privée du Moi, mais l'œuvre est devenue quelque chose qui «continue pendant les siècles — elle devient claire seulement dans son effet (*Wirkung*) total et dans son interprétation»[40]. Comme l'a dit Heine: «Ce qu'il tisse, aucun tisserand ne le sait» (*Was er webt, das weiß kein Weber*)[41]. Et pourtant, on se trompe complètement en interprétant cette sphère de l'«œuvre», qu'on peut appeler le «Ça» (*Es*) ou le «monde» (*Welt*)[42], comme une simple «dégradation» (*Degradation*)[43]. Elle constitue plutôt une «conscience authentique de la *réalité*» (*eigentliches Wirklichkeitsbewusstsein*)[44].

Cassirer souligne que ce serait méconnaître les trois *Urphänomene* s'ils étaient conçus comme de simples «étants», c'est-à-dire, s'ils étaient comme un Moi et un Toi existant indépendamment l'un de l'autre, et qui seraient mis en rapport par une troisième instance, le Ça. Les phénomènes fondamentaux n'ont aucun «être absolu», ils ne sont rien que l'on puisse connaître par une forme de médiation, mais ils sont plutôt eux-mêmes la médiation. Dans ses notes sur les phénomènes fondamentaux, Cassirer les décrit ainsi:

[37] *Ibid.*
[38] *Ibid.*
[39] *Ibid.*, p. 136.
[40] *Ibid.*, pp. 125 sq.
[41] Heine cité par Cassirer, *ibid.*, p. 125.
[42] *Ibid.*, p. 137.
[43] *Ibid.*
[44] *Ibid.*, p. 136.

Nous ne pouvons les décrire correctement, ni comme quelque chose qui «est», qui est présent (*vorhanden*) dans le sens d'un être *absolu*, ni comme [quelque chose dont] l'être absolu peut être *déduit* logiquement [...]. Dans le cas des vrais phénomènes fondamentaux il ne s'agit pas d'un *tel* être — ils ne sont pas ce qui est donné à nous par la médiation, mais ils sont les moyens, les *modes de la médiation* eux-mêmes.

Pour parler *figurativement*: ils ne sont pas quelque chose qui est en soi *présent* (*an sich Vorhandenes*), qui vient d'une façon ou d'une autre en nous *par* les fenêtres de notre connaissance [...] — mais ils sont eux-mêmes les fenêtres de la connaissance du monde — au moyen desquelles nous nous ouvrons nous-mêmes à la réalité[45].

Une hypothèse: les Urphänomene comme fonction symbolique   Les *Urphänomene* sont, comme Cassirer le dit, notre «vue» (*Blick*) du monde, l'«œil» que nous ouvrons (*das Auge, das wir aufschlagen*)[46]. Interprétons maintenant ce concept difficile des *Urphänomene* et déterminons sa place dans la structure générale de la philosophie des formes symboliques. L'hypothèse qui nous guide dans notre interprétation est que les *Urphänomene* constituent l'unité des formes symboliques que Cassirer lui-même appelle la «fonction symbolique» — «un élément qui se retrouve dans chacune des formes spirituelles fondamentales, mais qui n'a dans aucune de ces formes une figure proprement identique»[47]. Toutes les formes symboliques se révèlent être des moments différents dans le seul processus dynamique qui rend la signification présente à l'esprit, un processus qui peut être décrit dans les termes des trois phénomènes fondamentaux.

Nous avons vu dans notre bref résumé des notes de Cassirer sur les *Urphänomene* que le Moi et le Toi ne se

(45) *Ibid.*, p. 132.
(46) *Ibid.*
(47) *PFS*, I, p. 25/16.

reconnaissent pas directement l'un l'autre, mais seulement dans et par la sphère des œuvres qu'ils créent. Dès lors, la «résistance» du Toi n'est jamais éprouvée immédiatement, mais toujours d'une façon médiatisée, à travers la présence de l'œuvre qui d'une façon ou d'une autre «contient» le courant informé de la conscience du Moi. En d'autres mots, le Moi ne rencontre le Toi qu'à travers l'ordre objectif des signifiants, le Ça, signifiants qui annoncent à l'intérieur de la conscience du Moi la présence d'une existence fondamentalement autre que lui. (Le mot «lui» est en effet ambigu, car il signifie à la fois le «Moi» de la conscience et le signifiant.) Nous avons déjà nommé cette présence de l'ordre objectif des signifiants à la conscience la texture du réel. Cette texture, bien qu'elle représente un moment d'«aliénation» dans la vie de la conscience, amène celle-ci à «une conscience authentique de la réalité» et à travers cette conscience de la réalité à une conscience de soi. *Les différentes formes symboliques sont les différents modes de la présence de cette altérité, de la présence du Toi, à la conscience du Moi à travers l'ordre de la signification, c'est-à-dire à travers la texture du réel en tant que sphère des œuvres (le Ça).* La fonction symbolique peut être résumée dans l'algorithme suivant:

$$\text{Moi} \longleftrightarrow \overset{\text{œuvre}}{\underset{\text{Ça}}{\longrightarrow}} \text{Toi}$$

Dans le langage du structuralisme, le Toi est le signifié ultime de toute signification humaine, ou de l'ordre des signifiants. Il est le τέλος vers lequel toute signification se dirige. Le monde de la culture humaine n'a pas d'autre fonction que d'annoncer au Moi la présence d'un Toi qui ne sera, en un sens, jamais atteint. Dans la mesure où l'œuvre peut être vue comme l'ordre des signifiants, et le Toi comme le signifié ultime de cet ordre, on peut représenter la fonction symbolique ainsi:

$$\text{Moi} \longleftarrow \text{S} \longrightarrow \text{s}$$

Les Urphänomene *et le* En ce qui concerne les *Urphä-*
problème de la réflexivité *nomene*, Goethe avait déjà insisté
qu'il n'y a rien «derrière» eux, et que nous ne devons dès
lors pas tenter de chercher au-delà d'eux; «c'est ici la limite»,
comme il disait dans une conversation avec Eckermann citée
par Cassirer dans la *Logique des sciences de la culture*[48]. Les
Urphänomene «*apparaissent*» (*erscheinen*) simplement, c'est
pourquoi voir en eux autre chose qu'une «surface» (*Oberfläche*)
équivaut à introduire une «profondeur 'métaphysique'» (*'meta-*
physiche' Tiefe) qui leur est étrangère. D'après Goethe, la seule
approche qui leur est appropriée est celle de la contemplation artistique[49]. Cassirer nuance ce point de vue, sans cependant mettre en doute sa validité fondamentale. Il se demande
si «une telle attitude, que Goethe en tant qu'artiste exige et
pratique, est *possible* pour *toute* la vie spirituelle»[50]. Et sa
réponse est négative: car il n'existe pas une telle «unité *intacte*»
(*ungebrochene Einheit*) de l'esprit, les «fonctions originales et
essentielles» de laquelle il faut interroger. La *Brechung*, la
«fraction» ou la «rupture», que l'esprit introduit à l'intérieur
de sa propre sphère est en fait une «nécessité ('dialectique')
immanente» (*immanente ('dialektische') Notwendigkeit*)[51].
D'où le problème que Cassirer se propose d'aborder dans ses
notes sur les phénomènes fondamentaux:

La *révérence* (*Ehrfurcht*) devant les *Urphaenomene* peut-elle être
maintenue — sans agir contre l'«esprit» de la critique — sans

[48] *Logique des sciences de la culture*, p. 191/99.
[49] *ECN*, I, p. 126.
[50] *Ibid.*, p. 127.
[51] *Ibid.*

devenir coupable de *pécher* contre cet esprit — ce qui consiste
à lui dénier son droit original, son *autonomie* — à le traiter
comme un étranger et un intrus (*L'intruse*).

C'est *là* la question que nous voudrions nous poser dans ce qui
suit[52].

Hélas, le lecteur attendra en vain une réponse à cette question dans les pages du quatrième volume. Avant que nous
tentions de fournir la réponse qui fait défaut dans l'œuvre de
Cassirer, en utilisant des éléments de sa propre pensée, il est
intéressant de noter que Heidegger s'est trouvé confronté
à une pareille question dans son essai célèbre «La fin de la
philosophie et la tâche de penser». Comme Cassirer, Heidegger
se sert du terme goethéen d'*Urphänomen* pour caractériser la
Lichtung, l'ouverture dans laquelle l'événement différencie
l'Être et les étants, constituant ainsi le monde. Et Heidegger
lui aussi cite Goethe en disant qu'on ne peut pas chercher
quelque chose au-delà de cet *Ur*-phénomène[53]. Et pourtant,
c'est précisément la *Lichtung* qui présente au philosophe la
«tâche de penser» à laquelle le titre de l'essai de Heidegger
fait allusion…

La réflexion comme nécessité immanente et dialectique

La présence et la re-présentation   Directement ou indirectement, nous avons déjà à plusieurs reprises touché au rapport
entre médiateté et immédiateté dans les chapitres précédents.
Dans notre réflexion sur le langage, par exemple, la tentative

---

(52) *Ibid.*, p. 131.
(53) Cf. M. HEIDEGGER, «Das Ende der Philosophie und die Aufgabe
des Denkens», in: idem, *Zur Sache des Denkens*. Tubingue, Niemeyer,
19762, p. 72.

même de parler à propos du langage, la tentative d'amener
le langage au langage en tant que langage et par le langage,
n'était pas seulement la condition de la possibilité de la
présence du langage, mais aussi la condition de la possibilité du langage comme tel: le langage n'est langage que dans
l'instant de son auto-manifestation. Dans les termes de la
linguistique moderne, le métalangage n'est pas seulement
un appendice contingent au langage-objet, mais le langage
ne peut pas exister comme langage sans la fonction du métalangage. Ou, plus généralement, la réflexion est un élément
nécessaire dans la constitution de la réalité non-réflexive.
La même structure se retrouvait dans le chapitre sur le
mythe. Toute tentative par la pensée réflexive de la philosophie pour rendre le mythe intelligible le transforme, en
dernière analyse, en quelque chose d'autre. Le mythe, en
tant que présence immédiate du réel, n'est présent que dans
son absence.

On se trouve ici devant un des principes fondamentaux
de la philosophie de Cassirer, à savoir sa «critique du mythe
du donné». Toute présence, pour Cassirer, se produit par les
moyens de la représentation. Mais il serait faux de concevoir
la présence de la re-présentation comme si elle était la simple
négation d'une certaine présence «originale» qui, pour nous
humains, doit malheureusement être médiatisée pour devenir réelle. La re-présentation du contenu de la conscience
constitue plutôt la présence de ce contenu. Donc, la présence n'*est* qu'en tant qu'autre de la re-présentation, et n'est
rien «en-dehors de» ou «avant» la dialectique entre la présence et la re-présentation. «Toute forme, prise en elle-même,
doit-elle nécessairement signifier une dissimulation (*Ver-*
hüllung), plutôt qu'une manifestation et une révélation (*Mani-*
festation und Offenbarung)?»[54]. Certainement pas, pour le

(54) *PFS*, III, p. 53/47; trad. modifiée.

voilement de la *présence* (la présence «originelle») *est* en même temps son dévoilement comme «présence». La λήθη *est* l'ἀλήθεια.

Pour la question soulevée à la fin de la section précédente — la révérence devant les *Urphänomene* peut-elle être maintenue sans agir contre l'esprit critique? — l'unité différenciée et indifférenciée de la présence et la re-présentation signifie que la «révérence» devant les *Urphänomene* ne contredit point leur représentation dans la pensée. En effet, cette révérence présuppose la pensée. Car les *Urphänomene* ne sont rien en dehors de leur présence re-présentée à la pensée.

La présence et la re-présentation dans le rapport entre les formes symboliques   On peut élucider l'unité de la présence et la re-présentation davantage par une considération portant sur le rapport dialectique entre les différentes formes symboliques. L'identification mythique entre le signifiant et le signifié présuppose de façon intrinsèque la force différenciatrice de la religion. S'il n'y avait pas de distinction implicite à l'intérieur de la conscience mythique entre la présence de l'image mythique, d'une part, et ce qu'il représente, d'autre part — même si cette distinction est toujours déjà niée —, alors l'état mythique équivaudrait fondamentalement à l'état animal: il ne posséderait aucune transcendance. L'homme mythique serait, comme les animaux, absorbé par la simple immédiateté du réel, si ce «réel» n'était pas médiatisé par une image. Or de la même façon que le mythe contient les germes de la religion, le langage prépare la voie pour la science. Car pour autant que le signe, ou le mot, représente, dit, montre, ou indique quelque chose qui est autre que lui-même, il doit se distinguer de ce qu'il représente. Si ceci n'était pas le cas, si le signe était tout simplement tenu pour la chose elle-même, nous aurions un exemple de conscience mythique. La conscience linguistique, qui voit dans l'image sensible un signe qui dit et montre quelque chose d'autre que lui-même, quelque chose qui n'est pas présent immédiatement à la conscience, suppose nécessairement que le signe doit être reconnu comme tel, que le signe doit indiquer qu'il n'est pas la chose, mais seulement le moyen de sa représentation. Le langage, donc, ne peut pas fonctionner en tant que langage, il ne peut pas représenter quelque chose, sauf si la conscience se rend compte du fait que la présence sensible devant elle n'est qu'un signe linguistique. Donc, le langage doit toujours se dénoncer lui-même d'être langage, il doit se nommer lui-même. Bref, la présence du langage comme le moyen de re-présenter une réalité non-linguistique présuppose le re-présentation du langage à lui-même. Mais cette conscience de soi du langage est précisément ce qui caractérise la science.

En termes plus généraux, si la sphère du mythe et du langage constitue la sphère de la *Zuhandenheit*, alors que la religion et la science constituent la sphère de la *Vorhandenheit*, on peut dire que la sphère de la *Zuhandenheit* présuppose la sphère de la *Vorhandenheit*, qui est à son tour fondée sur la sphère de la *Zuhandenheit*. Ou, en d'autres mots, la texture du réel, cette qualité illusoire de la «résistance» ou de la présence effective d'une existence qui *est* autre qu'elle-même, présuppose son interprétation.

La nécessité et la nature de la pensée

La créativité de la pensée   Nous pouvons pousser nos réflexions un peu plus loin. Si toute présence exige une re-présentation, et en fait n'est rien d'autre qu'une re-présentation, alors il n'y a pas de présence, de «monde», sans l'activité réflexive de la pensée. Cette activité réflexive est accomplie par les formes symboliques, mais elle forme aussi, comme nous l'avons vu, un élément nécessaire dans le rapport entre les diverses formes symboliques. Car, pour parler métaphysiquement, le monde humain de signification, le monde de l'esprit, a son «origine» dans *le retour de la vie sur elle-même* — qui est un *retour de l'esprit sur lui-même*, dans la mesure où c'est seulement dans ce retour que la vie et l'esprit se différencient eux-mêmes l'un l'autre. «Si ce renversement [...] est un *produit* des formes symboliques ou, si celles-ci sont seulement une expression, un 'symptôme' caractéristique de ce renversement, il est aussi inutile qu'impossible de répondre à cette question»[55]. Dans la mesure où *toutes* les formes symboliques différentes sont des formes de la réflexion, elles constituent ensemble cette sphère que Cassirer appelle, dans *La logique des sciences de la culture*, la «*pensée*» en tant que fonction «productive» de signification[56]. La pensée ne doit pas être méconnue comme une activité de l'élite culturelle...

> Car toutes les formes culturelles, quelque différentes qu'elles puissent être les unes des autres, sont des *formes d'expression active*. Ce ne sont pas de simples formes de réaction involontaires comme rougir de honte, froncer les sourcils ou serrer les poings, mais des actions. Ce ne sont pas de simples événements qui se jouent en nous, pour nous, mais pour ainsi dire des *énergies* spécifiques, et grâce à la mise en œuvre de ces énergies s'édifie pour nous le monde de la culture [...][57].

Comme nous l'avons découvert, la pensée est un acte d'interrogation qui nous inspire de l'«effroi» (et en résulte) en face de la structure fondamentale de la réalité. Mais, dans la ligne de son style de pensée, Cassirer n'oublie pas de rendre compte de la fonction du «discours passif» (*passive Rede*) à l'intérieur de cette activité de l'esprit[58]. Bien que le discours

[55] *ECN*, I, p. 64.
[56] Cf. *Logique des sciences de la culture*, p. 135/53.
[57] *Ibid.*, p. 134/51.
[58] *Ibid.*, p. 135/52.

passif, avec ses «habitudes de langage», ne soit qu'une répétition qui transmet d'une génération à une autre une certaine perspicacité sans créer rien de nouveau, il constitue le
contrepoids nécessaire d'un discours actif. Le discours actif
ne peut pas créer un monde nouveau, une vision nouvelle de
la réalité, pour ainsi dire, *ex nihilo*, mais seulement comme
une transformation productive, une répétition active de la
culture transmise. Il n'y a aucun accès direct à une présence
non médiatisée par les représentations culturelles:

> Le processus de création doit sans cesse satisfaire à deux condi-
> tions différentes: d'un côté, il lui faut se raccrocher à quelque chose
> de durable, de donné, de l'autre, il lui faut constamment être prêt
> à un nouveau départ, un nouvel élan qui transforme ce donné[59].

Ce qui n'est pas facile de voir c'est que le discours passif
et le discours actif se réalisent dans le même acte du discours. Lorsqu'on parle — ou qu'on se met à n'importe quelle
activité spirituelle — on parle toujours une langue. Néanmoins, chaque individu possède une forme particulière de
parole. Nous avons déjà vu à plusieurs reprises que c'est par
cette «forme individuelle du dire les choses que le sujet parlant s'exprime soi-même»[60]. C'est seulement par une répétition perpétuelle d'une tradition que nous pouvons créer notre
«style» personnel — c'est-à-dire, notre *estilh*, notre «manière
de parler»[61].

Le style, c'est l'homme lui-même

Que Cassirer a pris au sérieux les exigences de la «pensée», cela
se voit dans le style de sa philosophie. Car, comme Héraclite,
le «style» de Cassirer reflète sa conception philosophique

[59] *Ibid.*, pp. 209 sq./116.
[60] Voir ci-dessus, p. 110.
[61] Voir *Petit Robert*, I, *s.v.* «style».

globale. On peut appliquer l'observation suivante de Cassirer à Cassirer lui-même:

> Dès lors on comprend, à partir de sa vision globale du monde, la forme essentielle du style d'Héraclite, dont la célèbre obscurité n'est pas contingente et arbitraire, mais exprime adéquatement et nécessairement sa pensée même. Le style de la langue d'Héraclite et le style de sa pensée se déterminent réciproquement. Ils dévoilent tous les deux le même principe fondamental de sa philosophie [...][62].

Tout lecteur de Cassirer est frappé par le manque apparent de clarté doctrinale: le «point de vue» de Cassirer lui-même semble se perdre, ou être absent, dans la masse de matière historique présentée au lecteur. On se demande où se trouve la présence de Cassirer dans sa re-présentation de la tradition de la philosophie. L'auteur de *La philosophie des formes symboliques* semble glisser de doctrine en doctrine dans ses explications et interprétations, soulignant les mérites et les démérites de chaque position, la suivant jusqu'à sa conclusion logique où elle se transforme en son contraire, lui-même suivi jusqu'à sa conclusion logique, et ainsi de suite. Cette stratégie laisse souvent le lecteur perplexe quant à ce jeu historique. Et, en effet, d'un jeu il semble s'agir, comme E. W. Orth l'a récemment remarqué — cet auteur qui voudrait même voir la philosophie des formes symboliques comme une variante de la théorie du jeu: «Et bien qu'elle jouisse avec les jeux, elle forme elle-même — dans son exécution vive et dynamique — une sorte de système de ces jeux en tant que jeu»[63]. Cassirer «joue» non seulement avec des doctrines philosophiques,

---

(62) *PFS*, I, p. 65/59.

(63) E.W. Orth, «Geschichte und Literatur als Orientierungsdimensionen in der Philosophie Ernst Cassirers», in: E. Rudolph et B.-O. Küppers (éds), *Kulturkritik nach Ernst Cassirer* (Cassirer-Forschungen, 1). Hambourg, Meiner, 1995, p. 109.

mais aussi avec des idées de la littérature, de la science, de l'art, de la religion, du mythe, de l'histoire. Chaque fois, ces idées sont plus que de simples illustrations d'une doctrine déjà présente; leur re-présentation est plutôt la seule façon de rendre la doctrine «présente». Ainsi, la philosophie de Cassirer établit son unité uniquement par un acte qui parcourt la multiplicité de ses différents éléments, parce que ces éléments — c'est-à-dire, les différentes formes symboliques — ne sont tels que lorsqu'ils sont parcourus par la philosophie de Cassirer, et ils ne se différencient que par ce mouvement de sa philosophie, cet acte de parcourir, ce *mouvement* de «monstration» (*Zeigen*). Pour cette raison, on ne peut pas comprendre la philosophie des formes symboliques comme une série d'expressions propositionnelles, mais on doit suivre le mouvement de son parcours. Comme l'a dit Heidegger: «Ce qui compte, ce n'est pas d'écouter une série de phrases propositionnelles, mais de suivre le mouvement de monstration lui-même»[64].

---

[64] M. HEIDEGGER, «Zeit und Sein», in: *idem, Zur Sache des Denkens.* (voir note 52), p. 72.

BIBLIOGRAPHIE

Œuvres d'Ernst Cassirer

— *An Essay on Man. An Introduction to a Philosophy of Human Culture*. New Haven: Yale University Press, 1944. [*Essai sur l'homme*, trad. N. MASSA. Paris, Les Éditions de Minuit, 1975.]

— *Écrits sur l'art*, trad. par C. BERNER, F. CAPEILLÈRES, J. CARRO, et J. GAUBERT (Passages). Paris, Les Éditions du Cerf, 1995.

— *Freiheit und Form. Studien zur deutschen Geistesgeschichte*. Darmstadt: Wissenschaftliche Buchgesellschaft, 1981.

— «From a Philosopher», in: E. LASKER, *Chess for Fun & Chess for Blood*. New York: David MacKay, 1950, pp. 15-18.

— «'Geist' und 'Leben' in der Philosophie der Gegenwart», in: E. W. ORTH (éd.), *Geist und Leben* (voir ci-dessous), pp. 32-60.

— *Geist und Leben. Schriften zu den Lebensordnungen von Natur und Kunst, Geschichte und Sprache* (Reclam-Bibliothek, 1463). E. W. ORTH (éd.). Leipzig: Reclam, 1993.

— «Hermann Cohen und die Erneuerung der Kantischen Philosophie», in: *Kant-Studien* 17 (1912), pp. 252-73.

— «Hermann Cohen, 1842-1918», in: *Social Research* 10 (1943), pp. 219-232.

— «Inhalt und Umfang des Begriffs: Bemerkungen zu Konrad Marc-Wogau: Inhalt und Umfang des Begriffs», in: *Theoria* 2 (1936), pp. 207-32.

— «Kant und das Problem der Metaphysik: Bemerkungen zu Martin Heideggers Kant-Interpretation», in: *Kant-Studien* 36 (1931), pp. 1-26.

— «Kant und die moderne Mathematik», in: *Kant-Studien* 12 (1907), pp. 1-49.

— *La philosophie des lumières*, trad. par Pierre QUILLET (L'histoire sans frontères). Paris, Fayard, 1966.

— *L'idée de l'histoire*, trad. par F. CAPEILLÈRES, avec la collaboration d'I. THOMAS (Passages). Paris, Les Éditions du Cerf, 1988.

— «Le langage et la construction du monde des objets», trad. par P. GUILLAUME, in: *Essais sur le langage*. Paris, Les Éditions de Minuit, 1969, pp. 39-68.

174 BIBLIOGRAPHIE

— *Le Problème de la connaissance dans la philosophie et la science des temps modernes*. Vol. IV. Trad. par J. CARRO, J. GAUBERT, P. OSMO, et I. THOMAS-FOGIEL (Passages). Paris, Les Éditions du Cerf, 1995.
— *Nachgelassene Manuskripte und Texte*. Vol. 1: *Metaphysik der symbolischen Formen*, J. M. KROIS et O. SCHWEMMER (éds). Hamburg: Felix Meiner, 1995.
— *Philosophie der symbolischen Formen*. 3 vol. Vol. I: *Die Sprache;* vol. 2: *Das mythische Denken;* vol. 3: *Phänomenologie der Erkenntnis*. Darmstadt: Wissenschaftliche Buchgesellschaft, 1953. [*La philosophie des formes symbolique*. 3 vol. Vol. I: *Le langage*, trad. par O. HANSEN-LOVE et J. LACOSTE; vol. 2: *La pensée mythique*, trad. par J. LACOSTE; vol. 3: *La phénoménologie de la connaissance*, trad. par C. FRONTY. Paris, Les Éditions de Minuit, 1972.]
— *Sprache und Mythos. Ein Beitrag zum Problem der Götternamen*, in: *Wesen und Wirkung des Symbolbegriffs*. Darmstadt: Wissenschaftliche Buchgesellschaft, 1994[8], pp. 71-158. [*Langage et mythe à propos des noms de dieux*, trad. par O. HANSEN-LOVE. Paris, Les Éditions de Minuit, 1973.]
— «Structuralism in Modern Linguistics», in: *Word. Journal of the Linguistic Circle of New York* 1 (1946), pp. 95-120.
— *Substanzbegriff und Funktionsbegriff. Untersuchungen über die Grundfragen der Erkenntniskritik*. Darmstadt: Wissenschaftliche Buchgesellschaft, 1994[7]. [*Substance et fonction. Éléments pour une théorie du concept*, trad. par P. CAUSSAT. Paris, Les Éditions de Minuit, 1977.]
— *Symbol, Technik, Sprache: Aufsätze aus den Jahren 1927-1933* (Philosophische Bibliothek, 372). E. W. ORTH et J. M. KROIS (éds). Hamburg: Felix Meiner Verlag, 1985.
— *Symbols, Myth, et Culture: Essays and Lectures of Ernst Cassirer 1935-1945*. D. P. VERENE (éd.). New Haven: Yale University Press, 1979.
— *The Myth of the State*. New Haven: Yale University Press, 1946. [*Le mythe de l'État*, trad. par B. VERGELY (Bibliothèque des sciences humaines). Paris, Éditions Gallimard, 1993.]
— *Trois essais sur le symbolique*, trad. par J. CARRO, avec la collaboration de J. GAUBERT (Passages). Paris, Les Éditions du Cerf, 1997.
— «Was ist Subjektivismus?», in: *Theoria* 5 (1939), pp. 111-140.
— *Wesen und Wirkung des Symbolbegriffs*. Darmstadt: Wissenschaftliche Buchgesellschaft, 1994.

— *Zur Logik der Kulturwissenschaften*. Darmstadt: Wissenschaftliche Buchgesellschaft, 1961. [*Logique des sciences de la culture, Cinq études*, trad. par J. CARRO, avec la collaboration de J. GAUBERT (Passages). Paris, Les Éditions du Cerf, 1991.]
— «Zur Theorie des Begriffs», in: *Kant-Studien* 33 (1928), pp. 129-136.

Pour une bibliographie complète voir:

EGGERS, W., et MAYER, S., *Ernst Cassirer: An Annotated Bibliography* (Garlet Bibliographies of Modern Critics et Critical Schools, 13/Garlet Reference Library of the Humanities, 475). New York: Garlet, 1988.

D'autres auteurs et littérature secondaire

BERNET, R., «Perception et herméneutique (Husserl, Cassirer et Heidegger)», in: IDEM, *La vie du sujet. Études sur Husserl et la phénoménologie* (Épiméthée). Paris: Presses universitaires de France, 1994, pp. 139-162.

BLUMENBERG, H., «Ernst Cassirers gedenkend: Bei Entgegennahme des Kuno-Fischer-Preises der Universität Heidelberg im Juli 1974», in: *Revue internationale de philosophie* 85 (1974), pp. 456-63.

BRAUN, H.-J., HOLZHEY, H. et ORTH, E. W. (éds), *Über Ernst Cassirers Philosophie der symbolischen Formen* (Suhrkamp Taschenbuch Wissenschaft). Frankfurt am Main: Suhrkamp, 1988.

CAHOONE, L. E., «Cassirer's Interpretation of Galileo», in: *Journal of the British Society of Phenomenology* 16 (1985), pp. 268-278.

CAPEILLÈRES, F., «Postface», in: E. CASSIRER, *Écrits sur l'art* (voir ci-dessus), pp. 193-253.

— «Sur le néo-kantisme de E. Cassirer», in: *Revue de métaphysique et de morale* 96 (1992), pp. 517-546.

COMITO, T., «Notes on Panofsky, Cassirer and the 'Medium of the Movies'», in: *Philosophy and Literature* 4 (1980), pp. 229-241.

DELEUZE, G., «À quoi reconnaît-on le structuralisme?», in: F. CHATELET (éd), *Histoire de la philosophie: Idées, doctrines. Le XXᵉ siècle*. Paris, Hachette-Littérature, 1973, pp. 299-335.

FERRARI, M., «La philosophie de l'espace chez Ernst Cassirer», in: *Revue de métaphysique et de morale* 96 (1992), p. 455- 477.

— «Préface», in: E. CASSIRER, *Le problème de la connaissance dans la philosophie et la science des temps modernes* (voir ci-dessus).

— «Ursprünge und Motive der Sprachphilosophie Ernst Cassirers», in: *Dialektik. Enzyklopädische Zeitschrift für Philosophie und Wissenschaften* 1 (1995), pp. 109-119.

— *Il giovane Cassirer e la scuola di Marburgo*. Milan: Angeli, 1988.

FONTAINE DE VISSCHER, V., «La pensée du langage comme forme», in: *Revue philosophique de Louvain* 68 (1970), pp. 449-472.

— «Mythe et raison. Propos contemporains», in: *Revue philosophique de Louvain* 88 (1990), pp. 553-579.

— «Nommer Dieu? Langage et mythe chez Cassirer», in: *Qu'est-ce que Dieu?*. Bruxelles: Publications des Facultés universitaires Saint-Louis, 1985, pp. 325-38.

FOUCAULT, M., «Une histoire restée muette», *La Quinzaine littéraire* 8 (1966), pp. 3-4.

GAUBERT, J., «Fondation critique ou fondation herméneutique des sciences de la culture?», in: E. CASSIRER, *Logique des sciences de la culture* (voir ci-dessus), pp. 9-72.

— *La science politique d'Ernst Cassirer. Pour une refondation symbolique de la raison pratique contre le mythe politique contemporain* (Philosophie — épistémologie). Paris: Éditions Kimé, 1996.

GIOVANNANGELI, D., «Finitude et altérité dans l'esthétique transcendantale», in: *Revue philosophique de Louvain* 91 (1993), pp. 14-30.

HEIDEGGER, M., «La fin de la philosophie et la tâche de la pensée», trad. par J. BEAUFRET et F. FÉDIER, in: IDEM, *Questions IV* (Classiques de la philosophie). Paris, Gallimard, 1976, pp. 109-139.

— «Review of *Das mythische Denken* by Ernst Cassirer», in: *Deutsche Literaturzeitung* 21 (1928), pp. 1000-1012.

— *Zur Sache des Denkens*. Tubingue, Niemeyer, 1976.

JACOB, A., «État présent de la philosophie du langage», in: *Revue philosophique de la France et de l'étranger* 161 (1973), pp. 3-15.

KNOPPE, T., *Die theoretische Philosophie Ernst Cassirers. Zu den Grundlagen transzendentaler Wissenschafts- und Kulturtheorie*. Hamburg: Felix Meiner, 1992.

KROIS, J. M., «Cassirer's Unpublished Critique of Heidegger», in: *Philosophy and Rhetoric* 16 (1983), pp. 147-159.

— «Ernst Cassirer's Theory of Technology and Its Import for Social Philosophy», in: *Research in Philosophy & Technology* 5 (1982), pp. 209-222.

— «Ernst Cassirers Semiotik der symbolischen Formen», in: *Zeitschrift für Semiotik* 6 (1984), pp. 433-444.
— «Urworte: Cassirer als Goethe-Interpret», in: E. RUDOLPH et B.-O. KÜPPERS (éds), *Kulturkritik nach Ernst Cassirer*, pp. 297-324.
— *Cassirer, Symbolic Forms and History*. New Haven: Yale University Press, 1987.
LACAN, J., *Écrits* (Le champ freudien). Paris: Éditions du Seuil, 1966.
— *Le Séminaire de Jacques Lacan*, Livre XI: *Les quatre concepts fondamentaux de la psychanalyse* (Le champ freudien). Paris: Éditions du Seuil, 1973.
LACOUE-LABARTHE, Ph. et NANCY, J.-L., *Le titre de la lettre. Une lecture de Lacan* (La philosophie en effet). Paris, Galilée, 1991.
LINDGREN, J. R., «Cassirer's Theory of Concept Formation», in: *The New Scholasticism* 42 (1968), pp. 91-102.
LOFTS, S. G., «Husserl, Heidegger, Cassirer. Trois philosophies de crise», in: *Revue philosophique de Louvain* 92 (1994), pp. 570-584.
— «L'ordre symbolique de Jacques Lacan à la lumière du symbolique d'Ernst Cassirer», in: S. G. LOFTS et P. MOYAERT (éds), *La pensée de Jacques Lacan. Questions historiques — Problèmes théoriques* (Bibliothèque philosophique de Louvain, 39). Louvain-la-Neuve: Éditions de l'Institut supérieur de philosophie; Louvain-Paris: Éditions Peeters, 1994, pp. 83-105.
— «La lecture de l''histoire'», in: S. G. LOFTS et Ph. W. ROSEMANN (éds), *Éditer, traduire, interpréter: essais de methodologie philosophique* (Philosophes médiévaux). Louvain-la-Neuve, Éditions de l'Institut supérieur de philosophie; Louvain/Paris, Peeters, 1997, pp. 194-211.
— «Une nouvelle approche de la philosophie d'Ernst Cassirer», in: *Revue philosophique de Louvain* 90 (1994), pp. 570-584.
LYNCH, D. A., «Ernst Cassirer and Martin Heidegger: The Davos Debate», in: *Kant-Studien* 81 (1990), pp. 360-370.
MAKKREEL, R. A., «Vico and some Kantian Reflections on Historical Judgment», in: *Man and World* (1980), pp. 99-120.
— «Wilhelm Dilthey and the Neo-Kantians: The Distinction between the *Geisteswissenschaften* and the *Kulturwissenschaften*», in: *Journal of the History of Philosophy* 7 (1969), pp. 423-440.
— *Imagination and Interpretation in Kant: The Hermeneutical Importance of the Critique of Judgement*. Chicago: University of Chicago Press, 1990.

MERLEAU-PONTY, M., *L'Œil et l'Esprit* (folio/essais). Paris, Les Éditions Gallimard, 1964.

ORTH, E. W., «Phänomenologie in Ernst Cassirers Philosophie der symbolischen Formen», in: *Dialektik. Enzyklopädische Zeitschrift für Philosophie und Wissenschaften* 1 (1995), pp. 47-60.

— «Zum Begriff der Technik bei Ernst Cassirer und Martin Heidegger», in: *Phänomenologische Forschungen* 20 (1987), pp. 91-122.

PAETZOLD, H., *Ernst Cassirer. Von Marburg nach New York. Eine philosophische Biographie*. Darmstadt: Wissenschaftliche Buchgesellschaft, 1995.

ROSEMANN, Ph. W., «Cassirer und die Moderne. Aufgehoben», in: *Frankfurter Allgemeine Zeitung*, no 219 (September, 20 1995), p. N5.

— *«Omne agens agit sibi simile»: A «Repetition» of Scholastic Metaphysics* (Louvain Philosophical Studies, 12). Louvain, Leuven University Press, 1996.

RUDOLPH, E. et KÜPPERS, B.-O. (éds), *Kulturkritik nach Ernst Cassirer* (Cassirer-Forschungen, 1). Hamburg: Felix Meiner, 1995.

RUDOLPH, E., «La résurgence de l'aristotélisme de la Renaissance dans la philosophie politique de Cassirer», in: *Revue de métaphysique et de morale* 96 (1992), p. 479-490.

— «Von der Substanz zur Funktion. Leibniz als Kantkritik bei Ernst Cassirer», in: *Dialektik. Enzyklopädische Zeitschrift für Philosophie und Wissenschaften* 1 (1995), pp. 85-96.

SCHILPP, P. A. (éd.), *The Philosophy of Ernst Cassirer* (Library of Living Philosophers, 6). La Salle, Illinois: Open Court Publishing Company, 1958.

SCHRAG, C. O., «Heidegger and Cassirer on Kant», in: *Kant-Studien* 58 (1967), pp. 87-100.

SCHWARZSCHILD, S. S., «Judaism in the Life and Work of Ernst Cassirer», in: *Il Cannocchiale* 1-2 (1991), pp. 325-344.

SEIDENGART, J. (éd.), *Ernst Cassirer. De Marbourg à New-York: L'itinéraire philosophique. Actes du colloque de Nanterre* (Passages). Paris: Les Éditions du Cerf, 1990.

— «La physique moderne comme forme symbolique privilégiée dans l'entreprise philosophique de Cassirer», in: *Revue de métaphysique et de morale* 96 (1992), pp. 491-515.

— «Une interprétation néokantienne de la théorie des quanta est-elle possible? Réflexions sur l'épistémologie d'Ernst Cassirer et sur son interprétation de la théorie des quanta dans *Determinismus und Indeterminismus in der modernen Physik*», in: *Revue de synthèse* 3 (1985), pp. 395-418.

SILVERSTONE, R., «Ernst Cassirer et Claude Lévi-Strauss: Two Approaches to the Study of Myth», in: *Archives de sciences sociales des religions* 21 (1976), pp. 25-36.

VERENE, D. P., «Cassirer's 'Symbolic Form'», in: *Il Cannocchiale* 1-2 (1991), pp. 289-305.

— «Cassirer's Concept of Symbolic Form and Human Creativity», in: *Idealistic Studies* 8 (1978), pp. 14-32.

— «Cassirer's Philosophy of Culture», in: *International Philosophical Quarterly* 22 (1982), pp. 133-144.

— «Cassirer's View of Symbol and Myth», in: *Monist* 50 (1966), pp. 553-564.

— «Kant, Hegel, and Cassirer: The Origins of the Philosophy of Symbolic Forms», in: *Journal of the History of Ideas* 30 (1969), pp. 33-46.

Onder redactie van • Dirigée par:
Jan Baetens, Dirk De Schutter, Koenraad Geldof.

Van Haute, Ph., *Psychoanalyse en filosofie. Het imaginaire en het symbolische in het werk van Jacques Lacan*, 1990, 182 p.

Verbeeck, L., *Franz Kafka. Portret van de schrijver als goochelaar*, 1992, 192 p.

Baas, B., *Le désir pur. Parcours philosophiques dans les parages de J. Lacan*, 1992, 219 p.

Baas, B., *L'Adoration des Bergers ou de la dignité d'un clair-obscur*, 1994, 123 p.

Baetens, J., *L'éthique de la contrainte (essai sur la poésie moderne)*, 1995, 126 p.

Lesage, D., *Namen als gezichten. Essay over faam*, 1996, 196 p.

Braeckman, A., *De waarheid van de kunst. Over de rol van het ethetische in Schellings romantische moderniteitskritiek*, 1996, VIII-189 p.

Geldof, K., *Analytiques du sens. Essais sur la sociologie de la culture*, 1996, 173 p.

de Geest, D., *Literatuur als systeem, literatuur als vertoog. Bouwstenen voor een functionalistische benadering van literaire verschijnselen*, 1996, 232 p.

Giet, S., *Nous deux 1947-1997. Apprendre la langue du cœur*, 1997, 149 p.

Cuypers, S.E., *Stoffige geesten. Essay over het materialisme in de analytische psychologie*, 1997, VIII-161 p.

De Kesel, M., *Wij modernen. Essays over subjectiviteit & moderniteit*, 1998.

Adres van de redactie:
Adresse de rédaction:

Koenraad Geldof
K.U.Leuven
Dept. Literatuurwetenschap
PB 33
B-3000   LEUVEN
Tel: 00 32 16 32 48 29
Fax: 00 32 16 32 50 68
E-mail: koen.geldof@arts.kuleuven.ac.be
Uitgever: Peeters, Leuven-Parijs